夢をかなえる 具体力

絶対に身につけたい 33のルール

SOGO HOREI PUBLISHING CO., LTD

はじめに　**デキル人には具体力がある**

あなたは普段、次のような言い方をしていないか。

「しばらくお待ちください」

「できるだけ早く対応します」

「コミュニケーションを向上する」

「がんばって売上を増やす」

さて、わたしはアイデア発想法の実践研修などを通じて、1万人以上のビジネスパーソンと直に接してきた。その中で、仕事のデキル人には際立った特徴があることがわかった。その特徴とは、次のことである。

仕事のデキル人は、考えや表現が具体的である。

たとえば職場の人間関係について、多くの人は「コミュニケーションを向上する」などと抽象的で紋切り型の言い方をする。一方、デキル人は「Aさんと週に一回意見交換をする」と具体的な対象および方法を示す。だから、行動をうながし成果につながる。

また、営業や販売において、普通の人は「がんばって売上を増やす」と抽象的・観念的な言い方をする。ところが、デキル人は「この広告ツールを使い、売上を20％増やす」と目標も手段も具体的に言う。だから、目標を達成できる。

身近な例をあげるなら、読書を人に勧めるとき、ただ「本を読みなさい」と抽象的・一般的に言う人が多い。しかし、デキル人は「○○という本を読みなさい」とタイトルを具体的に言う。すると、相手は「じゃあ、ちょっと読んでみようか」となる。

以上のように、デキル人（目標を達成する人、行動し成果を上げる人）は、考えや表現が非常に具体的である。

考えや表現が具体的であるから、自分に対しても相手に対しても行動をうながし、成果に結びつけることができる。

より具体的な例をあげよう。

車の販売で衝突安全性をＰＲする場合、普通の営業マンは、「衝突安全性に優れていいます。もし、衝突しても大丈夫です」と紋切り型の説明で終わる。これでは、お客さんを説得することはできない。ところが、あるトップセールスマンは、まずお客さんの話をよく聞いて、その状況や関心をしっかり把握する。そして、それに合わせて具体的に対応する。たとえば乳幼児がいるご夫婦には、衝突安全性に優れていることをデータで具体的に示した上で、「万一の事故から、大事なお子様を守ります」と具体的な効果を伝える。結果、「だったら、これにしよう」とお買い上げにつながる。

話は変わって、世界のホンダの創業者である本田宗一郎のこと。

彼はあるとき、部下に向かって「日本人はなぜ富士山が好きなんだろうね」と尋ねた。すると部下は、「美しいからじゃないでしょうか」と答えた。これに対して彼は、「どこがどういう風に美しいんだ」と突っ込んで聞いてきたという。

彼が言いたかったのは、「紋切り型の言い方をするな。わかりやすく具体的に言え」であった。彼は長年のビジネス経験から、具体的に言わなければ意味がないことを肌で知っていた。

以上のように、デキル人は考えや表現が実に具体的である。言い換えるなら、**デキル人には具体力がある**。つまり、具体的に考え表現できる力がある。そして、具体力があるから行動に結びつき、良好な成果を上げることができる。

逆に言うなら、デキル人は行動し成果を上げることを常に考えている。そのために、おのずと考えや表現が具体的になる。そうしていつしか具体力を身につけている。

またビジネスにおいては、どんなにエライことを言う人より、どんなに知識やノウハウがある人より、一つでも成果・実績を上げる人の方が評価される。その成果・実績を生み出すのが具体力である。

仕事がデキルかどうか、あるいは成果を上げることができるかどうかは、具体力があるかどうかで決まると言ってよい。

言い換えるなら、**成果を決定づけるのは具体力である**。

したがって、**何をおいても具体力だけは身につけたい**。

できれば1日でも早く身につけたい。早いほど、多くの成果を上げることができる。それは、あなたにとっても組織にとっても好ましいことである。

本書は、具体力を身につける方法を文字通り具体例をあげわかりやすく書いた。

関心のあるところから読み、できることから実践すれば、確実に具体力が身につき成果や業績を上げることができる。

なお、本文中で問いかけをしているので、ぜひ一度考えてほしい。10秒でいいから一度考えることが、紋切り型から抜け出し具体力をつけるトレーニングになる。

目次

第3章 売上アップの具体力

第4章 わかってもらえる具体力

第5章　パッとわかる具体力

第6章　成果を生み出す具体力

第7章　こうやって具体力をつける

装丁デザイン　チャダル108
本文デザイン　土屋和泉
本文組版・図表作成　横内俊彦

第1章

成果を決める具体力

イチローと石川遼の驚くべき具体的目標

■具体的な目標や夢を示したイチローと石川遼

問題

今後の目標や将来の夢を語る場合、あなたはどのように語るか。

もし、あなたが商品企画の仕事に就いているなら、「消費者のニーズを的確にとらえ、ヒット商品を生み出したい……」と答えるのではないか。

一方、将来あなたが独立を考えているなら、「自分の得意や専門を活かしたビジネスで独立したい……」というふうになるのではないか。

さて、世界的に活躍する野球のイチロー選手、そしてゴルフの石川遼選手。二人の小学校6年生のときの作文がある。以下、その前半部分をそれぞれ紹介する。

「僕の夢」　小学校6年生　鈴木一朗

僕の夢は一流のプロ野球選手になることです。

そのためには中学、高校と全国大会に出て活躍しなければなりません。

活躍できるようになるためには練習が必要です。僕は三歳の時から練習を始めています。

三歳から七歳までは半年くらいやっていましたが、三年生の時から今までは三百六十五日中三百六十日は激しい練習をやっています。

だから一週間中で友達と遊べる時間は五、六時間です。そんなに練習をやっているのだから、必ずプロ野球の選手になれると思います。そして、その球団は、中日ドラゴンズか、西武ライオンズです。ドラフト一位で契約金は一億円以上が目標です。僕が自信のあるのは投手か打撃です。（以下略）

「将来の自分」　小学校6年生　石川遼

二年後…中学二年生、日本アマチュア選手権出場。

三年後…中学三年生、日本アマチュア選手権（日本アマ）ベスト8。

四年後…高校一年生、日本アマ優勝、プロのトーナメントでも勝つ。

六年後…高校三年生、日本で一番大きなトーナメント、日本オープン優勝。

八年後…二十歳、アメリカに行って世界一大きいトーナメント、マスターズ優勝。

これを目標にしてがんばります。マスターズ優勝はぼくの夢です。それも二回勝ちたいです。みんな（ライバル）の夢もぼくと同じだと思います。でも、ぼくは二回勝ちたいので、みんなの倍の練習が必要です。（以下略）

■デキル人はあくまでも具体的に夢や目標を表わす

以上、イチロー選手と石川遼選手の小学校6年生のときの作文の前半部分を紹介した。その具体的な表現に、「スゴイ！」と驚いた人は少なくないだろう。

イチローは、「三百六十五日中三百六十日」「契約金は一億円以上」……。一方の石川遼は、「二年後…中学二年生、日本アマチュア選手権出場」「二回勝ちたい」……。

これらのように、二人とも実に具体的な数字（期日、日数、年齢、金額、回数など）をあげている。小学生の作文で、いやそれに限らず、ここまで具体的に表現できる人はほとんどいないだろう。

普通なら「プロ野球選手になりたい」とか、「プロゴルファーになって活躍したい」というところである。それを二人は、「これでもか」というくらい具体的に数字をあげ、夢や目標を表わしている。

やはりデキル人は違う。**デキル人はあくまでも具体的である**。目標とする数値が明確である。このことを二人はハッキリと示してくれた。

われわれも、具体的な数字（期日、金額、数量など）を入れることをはじめ、目標を具体的に設定するようにしたい。

なお、二人とも目標が非常に高いが、高さはその人や状況で異なるので、それぞれに応じた高さでよいだろう。重要なことは、具体的であるかどうかである。

対処法

抽

「プロゴルファーになって活躍したい」

具

「六年後…高校三年生、日本で一番大きなトーナメント、日本オープン優勝」

デキル人には例外なく具体力がある

■生徒数が20人と６００人の差はどこから来るか

問題

生徒数の少ない学習塾と多い学習塾はどこが違うか。

わたしは、公文式学習教室の公文教育研究会に勤務していたことがある。当時、公文には生徒数が20人以下の小教室もあれば、６００人を越える大教室もあった。

ある小教室の先生は、「親には丁寧に、生徒には愛情を持って接する」などと、先生らしい立派なことをおっしゃっていた。しかし、抽象的な話をするばかりで、具体的なことはあまりしていなかった。

一方、ある大教室の先生は生徒が入会するとき、1時間にわたり親から丁寧に話を聞いていた。また、生徒一人ひとりに対し、「繰り上がり算ができるようになったじゃない。スゴイ!」などと具体的に励ましていた。そうしたきめ細かいフォローにより、生徒がなかなか辞めなかった。

辞めていく生徒に対しては、一人ひとりにハガキにびっしりと感謝の言葉を書いて送った。すると、しばらくして辞めた生徒が再入会したり、辞めた生徒の弟や妹、あるいは知り合いが入会してきた。

わたしは50以上の教室を実際に訪問したことがあるが、以上のように、生徒が少ない教室の先生は何かと抽象的である。観念的で頭デッカチである。

一方、生徒が多い教室の先生は、**生徒への愛情がすべて具体的に示されていた**。つまり具体力がある。具体力があるから生徒や親に思いが伝わった。

■仕事で成果を上げる人は見事なまでに具体的である

こうしたことは、わたしがアイデア発想法の実践研修などを通して、数多くのビジネスパーソンと直に接してきた経験からも言える。

仕事で成果を上げるデキル人は、**見事なまでに具体的である**。あくまでも具体的に考え、具体的に表現し行動する。

たとえば、商品企画の担当者なら、「消費者のニーズをしっかりつかんで企画する」などと抽象的なことは決して言わない。

そんなことを言っている暇があるなら、実際に店頭に立ち、消費者の生の声を一つひとつ拾う。そして、拾った生の声を企画に具体的に活かす。だから、ヒット商品を生み出すことができる。

わたしがこれまで出会った社会的に活躍しているビジネスパーソンも、まったく同様である。具体的に考え表現し、具体的な行動を起こす。

社員数が3千人規模の会社のらつ腕社長から、講演を頼まれたことがある。その社長は、「社員のためになる話をお願いします」といった抽象的なことは言わない。「営業幹部の頭が固く、顧客開拓の知恵が出ない。何とかしてくれませんか」とあくまでも具体的だ。

そして、対象商品とその特徴、顧客層、営業の仕方などの現状、および目指す姿を具体的に記したものを後日メールで送付してきた。ここまで具体的に示されることはあまりない。「流石！」と唸ったものである。

■具体的であるかどうかでビジネス的能力がわかる

以上、デキル人は例外なく考えや表現が具体的で行動力がある。

このことからわたしは、その人がデキル人かどうかを判断するとき、具体的かどうかを判断基準にしている。**その考えや表現が具体的ならデキルと判断する。**まず間違うことがない。したがって、その人の話が具体的であるなら、仕事をお受けするし、また仕事をお願いする。一方、「ニーズの発掘」「コミュニケーションの向上」「前向きに検討」などの抽象的な言葉を連発する人は敬遠している。

たとえば、電話で研修の問い合わせを受けたとき、相手が研修の狙いや対象者、さらには日程などを具体的に話す場合は誠意を持って対応する。

一方、観念論や抽象的な話に終始する場合は、早々に電話を切る。具体的な話（研修の開催）につながることはまったくなく、時間のムダだからである。

就職活動においても、具体的に考え表現するようにすればきっと合格するだろう。ただ「がんばります」ではなく、「わたしにはこのような特技がある」「貴社に入ったらこのようなことをしたい」と具体的に言うのだ。

仕事で、さまざまな能力を求められるが、**何よりもまず具体力を身につけたい**。具体力は、コミュニケーションの基本であるし、あらゆる業務に必要だからである。

具体的に表現することで、上司やお客さんに理解・納得してもらえる。また、具体的に考え行動することで成果を上げることができる。抽象的・観念的では、得られるものは何もない。

対処法

抽「生徒には愛情を持って接する」と言うが、具体的には何もしない

具「繰り上がり算ができるようになったじゃない。スゴイ！」と具体的に励ます

表現が具体的かどうかで本気度がわかる

■どのように言えばお金を貸してもらえるか

問題

電車賃が急に必要になったとき、どのように言えば人は貸してくれるか。

たとえば父親が急病のため、電車で駆けつけようと駅に来たが、あわてていて財布を忘れたとする。スイカやパスモといったＩＣカードも持っていない。

このようなとき、ただ単に「お金を貸してください」と頼んでも、貸してくれる人はほとんどいないだろう。

ところが、「父が急病なんです。財布を忘れてしまいました。電車で駆けつけたいので、４２０円貸していただけませんか」と言えば、「それだったら……」と多くの人が貸してくれるだろう。「返さなくてもいいよ」と言う人も少なくないだろう。

なぜ貸してくれたり与えてくれたりするかというと、用途、金額、緊急度など、話が具体的だからである。具体的であることから、本気である（本当に困っている）ことがわかる。逆に言うなら、**本気になると人は具体的に表現する**。つまり、表現が具体的かどうかで本気度、あるいはやる気度がわかる。

ちなみに、このケースの場合、ＪＲ東日本では、理由がはっきりしているなら駅で電車賃を貸してくれるとのことである。交番でも、ちゃんとした理由があれば貸してくれるようである。

■表現が具体的でないのは本気でない証拠

以上のことより、部下や子どもが「がんばります」と抽象的に言うときは、本気でないことがわかる。国会の答弁で、「前向きに善処します」と言うのとまったく同じである。

まるでやる気がない。

一方、「○月○日までに、この事務機を5台売ります」「あしたまでに、国語の宿題を済ませるよ」というように、具体的に言う場合は本気である。間違いなくやる気がある。

立場を変えて言うなら、もしあなたが仕事でやる気がないときは、期限や数量を具体的に言わないようにする。具体的に言うとやらざるを得なくなる。「がんばります」とか「努力します」とか、できるだけ抽象的に言う。

すると、いい結果が出なくても、「がんばったんですが、景気が悪くて……」と言い訳ができる（笑）。しかし、こんなことのないようにしたい。われわれは、どこかの国会議員ではないんだから。

対処法

抽 ただ単に「お金を貸してください」と言う

具 「父が急病です。財布を忘れたので、電車代420円貸してください」と言う

たとえや具体例をあげて説明する

■指し示すのが難しいとき、どうするか

問題

背中をかいてもらうとき、かゆい所をうまく伝えるにはどうすればよいか。

あなたは人に背中をかいてもらうとき、「そこじゃない。もっと右。いや違った、左……」などとやっていないだろうか。そうやっても、かゆい所がうまく伝わらない。かいて欲しい所を的確に伝えるいい方法がある。背中を九州にたとえるのだ。そして、

「熊本市のあたりがかゆい」「あっ、もう少し阿蘇寄り」などとやる。

福岡県に住む人のアイデアだが、このように背中を九州にたとえることで、すぐにその場所がわかるという。

九州の代わりに、東京なら山手線（大阪なら環状線）の内側の地域に、背中を置き換えてもよいだろう。

この例のように、物事をわかりやすく説明するために、似ていることや具体的なことにたとえたり置き換えたりすると、イメージが湧きわかりやすい。

ちなみに、偉いお坊さんは説教をするとき、お年寄りにはお年寄りに合ったたとえ話、若い人には若い人に合ったたとえ話をするそうだ。

■わかりやすく、かつ行動しやすいように具体化する

返信率が15％を超える生活用品販売会社のＤＭ（ダイレクトメール）がある。驚異的な返信率である。案内する商品や内容によるが、通常より一桁もレスポンスがよい。

ポイントは二つある。一つは特徴や使用例を図解するなど、具体的に表現していること。レイアウトも視線の流れを考え見やすい。

また、すぐにピンとくる具体的な表現をしている。住宅販売にたとえるなら、「角地・東南向き・日当たり良好」ではなく、「朝カーテンをあけると、公園の緑と太陽です」である。このように表現すると、具体的なイメージが湧く。

もう一つは、簡単に返信できるように工夫されていることである。宛先はもちろんのこと、当人の住所・氏名までプリントされた**返信ハガキが同封**されている。

これだと、いちいち住所・氏名を書かなくて済む。あとは、そのハガキをポストに入れるだけである。もちろん、そのままFAXしてもよい。

このようなすぐに行動を起こせる具体的なツールを用意することで、驚異的なレスポンスを実現している。あなたも、相手を動かす具体的なツールを用意するとよい。

■具体例をあげるとわかりやすい

嫌な仕事はゲーム化すると、面白く夢中になって取り組むことができる。

このことを人に説明するとき、ただ単に「ゲーム化すると、嫌な仕事も面白くなります」と言っても、相手にはその良さが伝わらない。

そこで、一例でいいから**具体的な事例をあげて説明する**。するとわかってもらえる。

文字通り一例をあげよう。コンビニのアルバイト達のこと。口でうるさく言っても、仕事（商品を棚に並べる仕事など）に熱心に取り組もうとしない。

そこで、「誰が一番速く、きれいに商品を棚に並べられるか」を競わせることにした。いわば「商品並べゲーム」である。こうしてゲーム化することにより、アルバイト達が見違えるように活き活きと働くようになった。

しかも、手際よく並べられるようになったばかりでなく、今度は「誰が並べた商品が一番多く売れるか」を自分たちで競うようになり、売れ筋の商品は目立つ所（目の高さや手前）に置くなど、自らあれこれ工夫するようになった。

このように、嫌な仕事、ヤル気の起こらないことはゲーム化（競争化）するとよい。面白く夢中になって取り組むことができる。

以上、具体例をあげて「ゲーム化すると嫌な仕事が面白くなる」ことを説明した。具体的なイメージがつかめ、その良さをわかっていただけたのではないだろうか。

対処法

抽 「もっと右。いや違った、左……」と言う

◀

具 背中を九州にたとえる。そして、「熊本市のあたりがかゆい」と言う

具体的に行動を起こし、具体的な成果を出す

問題

新人の家具販売員がいる。思うように家具が売れない。どのようにすれば売れるか。

あるデパートの新入社員のこと。家具売り場に配属された。慣れないこともあり、なかなか思うように家具が売れない。「自分は販売能力がない。店員には向いていない」と落ち込んでいた。

そんなある日、「このソファ、とても座り心地がいいね」というお客さんの声を耳にする。実際に座ってみると確かに座り心地がいい。落ち着ける感じがする。

そこで彼は、「このソファ、とても座り心地がいいですよ。落ち着けますよ」と、お客さんに勧めるようにした。すると、しばらくして「確かにいいねぇ。このソファちょうだい」と買ってくれる人が出てきた。

それからである。俄然やる気が出てきた。ソファでの経験をもとに、お客さんの声に熱心に耳を傾け、その声（意見、要望）に沿って対応するようにした。すると、売上が順調に伸びていった。

常識的には、「販売能力があるから売れる」「人との接し方がうまいので販売に向いている」と言われる。しかし、むしろ逆である。この事例が示すように、販売能力があるから売れるのではなく、売れるから販売能力が伸びるのだ。

まず具体的に行動を起こし、そして具体的な成果を得る。その具体的な成功体験により、要領やノウハウを獲得できるとともに、やる気に火がつく。そうして能力が伸びていく。

能力があるからできるのではなく、できるから能力が伸びるのだ。

したがって、一歩でいいから踏み出す、小さくていいから成果を出す。能力はさておき、**まず具体的に行動を起こし、具体的な成果を出す**。これが何より重要だ。

対処法

抽 「自分には能力がない」と落ち込んでいるだけ

具 成功体験からノウハウを学び、それを実践して成果につなげる

column

逆こそ真なり

「能力があるからできるのではなく、できるから能力が伸びる」というように、逆こそ真なりということはよくある。たとえば次の通りである。

意欲があるから行動する→行動するから意欲が湧く

好奇心があるからあれこれ見る→あれこれ見るから好奇心が育つ

楽しいから笑う→笑うから楽しくなる

好きだからうまくいく→うまくいくから好きになる

幸せだから感謝する→感謝するから幸せになる

お金の大切さがわかるから働く→働くからお金の大切さがわかる

頭が柔らかいからアイデアが出る→アイデアを出すから頭が柔らかくなる

（頭が固いからアイデアが出ないと言っていないで、まずアイデアを出そう）

第2章

人を動かす具体力

具体的な目安やツールを提示すると行動する

■会議でみんなにアイデアを出してもらうには

問題

会議で、事務用品費を節約するアイデアをみんなから提案してもらいたい。どのように言えば、みんなが提案してくれるか。

ただ単に、「事務用品費を節約するアイデアがあったら提案してください」と言っても、提案する人はほとんどいない。

腕を組んで考え込む（振りをする）だけである。あるいは、思いつきのありふれた提案をするだけである。

ところで、話は変わるが、わたしは研修や講演の中で、「電車を降りると雨。傘を持っていない。自宅まで徒歩10分。さあ、どうする?」といった身近なテーマを出し、アイデアを考えてもらうことがある。

このとき、ただ「アイデアを考えてください」と言っても、考えようとする人はあまりいない。そこで、「アイデアを考えたら紙に書いてください」と言うようにした。

すると、みんなアイデアを考え紙に書くようになった。ところが、ほとんどの人は一つか二つしか書かない。とりあえず書いたという感じである。

そこで今は、「アイデアを5分で、3つ以上書いてください」と、具体的な時間とアイデア数を言うようにしている。すると、具体的な目安(数字)があるので、みんな本気になって考える。

結果、ほぼ全員が3つ以上アイデアを書く。平均は5つ程度。中には、7つや8つ書く人もいる。

先のケースの場合も、次のように言うとよい。

「事務用品費を節約するアイデアを、**5分で3つ以上書いてください**」

ポイントは**「具体的目安」**と**「書く」**である。「5分以内」「3つ以上」という具体的な目安があるので、みんな紙やノートに向かい真剣にペンを動かし始める。

そして、簡単なアイデアから書くことで、書いたアイデアがヒントになり、次々とアイデアが出てくる。このとき、後述（P191）のTシートを使えばさらにアイデアが出やすくなる。結果、各人から3つ以上（平均で5つ程度）提案してもらえる。そうして提案してもらったアイデアを一つひとつみんなで議論することで、アイデアの内容が深まりグッドアイデアが得られる。かくして不毛であった会議中のアイデア提案が実り豊かなものになる。ぜひ試していただきたい。

なお、次の会議までにアイデアを考えてきてもらいたい場合も同様にするとよい。つまり、「次の会議までに、○○についてのアイデアを3つ以上書いてきてください」と言う。すると、みんな考えてくる。効果てきめん。ぜひお試しを。

■商品企画や売上アップに役立つ「お客さんの声シート」

新商品企画や販売促進などのケースでは、事前に「お客さんの声シート」（42ページ参照）を配布すると非常に効果的である。

会議の当日までにお客さんの生の声を集め、このシートにお客さんの声とその理由、およびそれらをヒントに得られたアイデアを10件書いてきてもらう。

すると、シートがあるのでみんなちゃんとやってくる。さらにいいことには、お客さんの生の声をベースにしているので、会議の場で思いつきでアイデアを出すより、はるかに有意義なアイデアを得ることができる。

実際わたしは、「企画構想力」や「新商品企画」などの実践研修で、事前ワークを出すことがあるが、このとき「お客さんの声シート」を用いている。全員が指示通りやってきて、実りのある研修をすることができる。

たとえば、機能性シャツなどのヒット商品を生み出したり、医療用機器の売上を30％以上伸ばしたり、数多くの成果を上げている。

このように、**具体的な目安やツールを提示することで、みんなの行動を促すことができる。**まさに具体の力である。

■「お客さんの声シート」で新商品を企画し売上50％アップ

わたしは実践研修のほか、あちこちの商工会議所や法人会で「売上を増やすアイデア発

お客さんの声シート

日付・氏名 年齢・性別等	お客さんの声 要望・不満等	その理由 必ず確認する	アイデア 気づいたこと等
【記入例】 11.9.5 井上様 70 代・男性	もっと小ぶり(今の半分の分量)の弁当がほしい	食べ残すと勿体ない。老人でも食べきれる弁当がほしい	老人用ハーフ弁当。ハーフなら子どもや女性も利用できる
①			
②			
③			
④			
⑤			
⑥			
⑦			
⑧			
⑨			
⑩			

想法」の講演をしている。

あるとき、一人の社長さんがわたしの講演を聞いた。社員数が約80名のその会社は、携帯電話のストラップ等の商品を企画・製造・販売している。どこの業界でも同じだが、過当競争がたいへん厳しい。他社に負けないためには、お客さんの望む新商品を企画し販売する必要がある。

そこで、その社長さんは「お客さんの声シート」を社員全員に配り、お客さんの声を各自10件ずつ集めてきてもらった。そして、集まった約800件のお客さんの声（意見、要望、不満……）とそのアイデアを取りまとめ、新商品企画に取り入れた。すると、売上が50％以上アップしたという。

対処法

抽	「事務用品費を節約するアイデアがあったら提案してください」
具	「事務用品費を節約するアイデアを、5分で3つ以上書いてください」

column

「電車を降りると雨。傘を持っていない……」のアイデア例

○近くのコンビニや百円ショップで傘やカッパを買う
○駅の近くの知り合いの店や人に傘を借りる
○貸し傘があれば、それを利用する
○友達や知人などの傘に入れてもらう
○家に電話をして傘を持ってきてもらう
○同じく、車で迎えにきてもらう
○バスやタクシーを利用する
○そのまま走って帰る
○小降りになる、あるいは雨がやむのを待つ
○傘を取りに会社に引き返す
○駅の近くのカプセルホテルに泊まる
わたしの場合は、「新聞を全面に広げ頭上にかざして走る」である。新聞を傘代わ

りにするのだが、これでだいたい大丈夫。新聞は電車内で読むし、何かと便利なので
いつも持ち歩いている。新聞の代わりにビニールを一枚常備してもよい。

相手を待たせるときの効果的な言い方

問題

会社の受付で、担当者が来るまで訪問者を待たせるとき、どのように言えばよいか。

通常は、「少々お待ちください」や「しばらくお待ちください」である。しかし、これではどのくらいの時間待てばよいのかわからない。

ある食品メーカーを訪れたときのことである。受付嬢から、**「30秒お待ちください」**と言われた。こんなに具体的に待ち時間を言われたことは初めてだったので、わたしは非常にビックリした。

実際、30秒しないで担当者が現われた。スゴイ！　デキル！　受付でこれだから、会社全体もデキル会社だろうと、わたしはすぐその会社の株を買った。株価はその後、堅実な上昇を続けている（具体力は株式投資の判断基準にもなる）。

なお、待ち時間がだいたいわかると、その間にトイレに行ったり、電話やメールを入れたり、うまく時間を活用できるので便利である。第一、イライラして待つことがない。

30秒といえば、「30秒号外！」というサブタイトル付きで、あるメルマガが届いた。わたしは「30秒なら読もうか」と、つい読んで（読まされて）しまった。

これが「すぐ読めます」といった数字のない（抽象的な）ものだったら、そのままゴミ箱行きだったに違いない。具体的数値の威力だ。

以上見てきたように、**相手やお客さんに時間や期間の案内をするときは、具体的数字を入れる**ようにしたい。

たとえば、「できるだけ早くお返事をさしあげます」ではなく、「本日の午後5時までにお返事をさしあげます」と言う。期日や時間がハッキリしていると、返事を忘れることもない。

対処法

抽 「しばらくお待ちください」と言う

具 「30秒お待ちください」と言う

column

必要な資料を10秒以内に取り出す工夫

「30秒お待ちください」の具体力に大いに感銘を受けたわたしは、その応用として電話などでの応対で、相手やお客さんを10秒以上待たせないことにしている。

たとえば、電話で仕事についての問い合わせがあり、より詳しい説明をするために資料を探すとき、必要とする資料が10秒以内に取り出せるように工夫をしている。

その工夫の一つが「脇名入りカット袋」である。使用済みのA4サイズの封筒の上部を10センチくらいカットし、脇に資料名を目立つように書く。

上部をカットしているのでその部分がまるまる見え、どんな資料が入っているかがすぐわかる。また、資料の出し入れもスムーズである。

そして、これを机の上の一等地（ノートパソコン

脇名入りカット袋

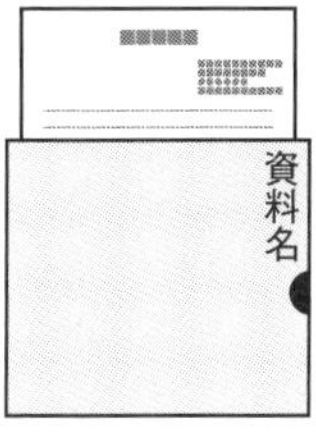

のすぐ後ろ）にある資料ボックスに、脇名を手前にして立てて入れてある。特によく使う資料や重要顧客用のものは、脇名のすぐ近くに赤いシールを貼り目立つようにしている。

この工夫のおかげで、お客さんから問い合わせや打ち合わせの電話があっても、10秒以内に必要な資料を取り出すことができ、お客さんを待たせることがない。また、普段でもすぐに必要な資料が取り出せ大変重宝している。

さらには、資料や電子ファイルに限らず、モノを整理するときの基準として「10秒以内の取り出し」が定着し、モノ探しに時間を取られることがほとんどない。

ちなみに、平均的なビジネスパーソンは、モノ探しのために毎日約40分もムダな時間を使っているという。一回当たり5分も10分もかけていることが少なくない。

こうしたムダはできるだけなくしたいが、このケースのように、ちょっと工夫することでムダを大幅に減らすことができる。

ついでに言うなら、すぐ取り出せるよう資料や書類は必ず立てて置くこと。決して平積みしてはならない。平積みをしたら最後、物探し地獄が待っている。

行動に結びつくよう具体的に表現する

■「もっとがんばれ」では部下は動かない

問題

部下に営業の成績を伸ばしてもらいたいとき、どのように言えばよいか。

「根性がたらん。もっとがんばって売ってこい」と怒鳴っても効果はない。部下はどうやってよいかわからない。しかし、ついこのように言う上司が少なくない。

こうした紋切り型の言い方ではなく、「このパンフを持って、○○地区を一軒一軒回ってこい」と具体的に示す。

すると、その通りにやることもできるし、それをヒントに「○○地区は高齢者が多いので、パンフを拡大して見やすくしよう」と工夫するようになる。

指示が具体的であるとアイデアが出やすくなるのだ。実際、そういう生保レディに会ったことがある。パンフを3倍に拡大してあり、老眼でも非常に読みやすい。

では、応用問題。子どもに読書をしてほしいとき、どのように勧めればよいか。

通常は、「テレビゲームばかりやってないで、少しは本を読みなさい」などと言う。しかし、ただ「本を読みなさい」と言っても、読む子どもはほとんどいない。

そこで、たとえば「ガリバー旅行記を読みなさい」と具体的に本の名前をあげて言う。さらに効果を狙うなら、「これを読みなさい。小人や巨人が出てきて面白いよ」とガリバー旅行記を具体的に差し出す。すると、「読んでみようか」となる。

勉強をしてもらいたいときも同様だ。「がんばって勉強をしなさい」ではまったく効果がない。ではなく、「このドリルを毎日1ページやって、夜の8時までに持って来なさい」と具体的に指示する。そうすればやるようになる。

以上のように、抽象的に言っても人（部下、お客さん、子ども……）は動かないが、具体的に言ったり示したりすれば動くようになる。「がんばれ」は禁句と知る。

■ただ単に「危ない！」と言っても効果はない

今まさに道路に飛び出そうとしている子どもに対し、どう言えば効果があるか。

ただ単に「危ない！」と言ったときは、子どもはなかなか止まらなかった。ところが、「止まれ！」と言ったところ、ほとんどの子どもが止まったという。

「危ない！」では、どうすればよいかわからない。しかし、**「止まれ！」なら表現が具体的で行動にすぐ結びつく**。


同様に、うつむき加減で歩いている子どもに対して、ただ「元気を出せ！」と言ってもあまり効果はない。

「人に会ったら、大きな声で『おはようございます！』『こんにちは！』と挨拶しよう」と具体的に言う。実際、そうして大きな声で挨拶をしているうちに元気が出てくる。行動から気持ちが変わるのだ。


同じく、クヨクヨしている人がいたなら、ただ単に「気分転換をしたら」と言っても効果はない。かけ声倒れに終わる。「外の空気は百薬にまさると言うよ。○○公園まで30分ほど散歩してきたら」と具体的に言う。すると、「じゃあ、行ってくる」となる。そして、歩いているうちに実際に気分が晴れる。

話は変わって、昇地《しょうち》三郎さんのこと。昇地さんは、1906年生まれ。100歳を越えてなお世界を飛び回り、幼児教育や障害児教育などの講演活動、支援活動などを続けておられる。

健康の秘訣の一つが、「ひと口30回噛む」である。虚弱児だった昇地さんに、母親が習慣付けたという。ただ単に「よく噛みなさい」ではない。「ひと口30回噛みなさい」と具体的な数字が入っている。子どもでもすぐわかり、すぐ行動できる。

以上見てきたように、行動にすぐ結びつくように具体的に表現をする。

対処法

✕ **抽** **「根性がたらん。もっとがんばって売ってこい」と怒鳴る**

◎ **具** **「このパンフを持って、○○地区を一軒一軒回ってこい」と具体的に示す**

column

具体例を示すと気づきやすくなる

「発想力全開セミナー」など、わがアイデア発想法の実践研修では、自分が実際に業務で抱えるテーマ（問題、目標）をあれこれあげ、その中からテーマを一つ選んで、そのテーマに取り組んでいる。

このとき、「仕事や業務で抱えるテーマをあげて下さい」とただ言うだけでは、平均で5件程度しかテーマがあがらなかった。

そこで、「新商品企画」「売上アップ」「技術開発」「コストダウン」「人間関係の問題」「クレーム対策」……などに関する48の具体的なテーマ例を示したシートを配り、それを参考にしてもらうようにした。すると、約13件へと大幅に増えた。

具体例を参考にすることで、「そういえば自分にも同様の問題がある」と気づくのだ。かくして、つい見逃していた重要なテーマが抜けることがなくなった。

店員の接客態度がよくなる画期的方法

■口で言っても人はなかなか変わらない

問題

接客態度が悪いなど、自覚や責任感がたりない店員がいる。どうすればよいか。

「そんな店員はクビにする」という人がいるかもしれない。しかし、それではあまりに短絡的だ。

そこで、指導をしたり教育を施すことになる。しかし、それでもなかなか効果が出ない

ことがある。口で言うだけでは人はなかなか変わらない
　そういうときは、**店員の名札をハガキ程度の大きなものにし、それに合わせて大きく名前を書く**。すると、名札を見ればすぐに名前がわかる。

　名前がわかることで、「店員」という抽象的な存在が、「店員の〇〇さん」というように具体的な存在になる。つまり、責任の所在がはっきりする。結果、店員の責任感や接客意識がグンとアップするのだ。

　実際、あるスーパーで名札（および名前）を大きくしたところ、どの店員もお客さんに丁寧に挨拶をするようになるとともに、レジでの打ち間違いが大幅に減ったという。

　すぐに名前がわかる（誰かに見られている）と思うと、失礼なことや無責任なことはできないのだ。

　なお、名札と言えば、宅配便の車に運転手の名前がすぐわかるように名前プレートが貼られているが、これも運転手に自覚と責任感を持たせるためである。

■ダイエット効果を高めるうまい方法

　誰かに聞かれるのも同様に効果がある。

パソコンの故障などでメーカーに電話すると、はじめに「録音をしています」というメッセージが流れる。

これは、録音により第三者に聞かれることを示し、問い合わせ者（お客さん）、そして対応者（社員）の意識や態度をよくするためである。

話は変わって、ある若い女性のこと。ダブつきがちの二の腕をもっと細くしたいと思っているが、なかなか思うようにいかない。

このようなときは、ノースリーブの服を着るとよい。

ノースリーブの服を着て、二の腕をさらけ出す。すると、みんなに見られる（実際は見られていなくても、そう感じる）。そこで、「腕を細くしよう」と運動やダイエットをするようになる。

以上、「大きく名前を書く」「録音をする」「二の腕をさらけ出す」というように、**人から見られる・聞かれることで、意識そして態度が変わる**。

対処法

抽 接客態度の悪い店員に指導や教育を施す

具 名札を見ればすぐに名前（責任の所在）がわかるよう、大きな名札をつける

第3章

売上アップの具体力

イメージが湧くよう具体的に表現する

問題

新幹線の車内でのワゴン販売。コーヒーを販売するとき、お客さんにどのように声をかけると売れるか。

あなただったら、どのように声をかけるだろうか。

普通は、「コーヒーいかがですか」と声をかける。もっと効果を狙うなら、「おいしいコーヒーいかがですか」、「温かいコーヒーいかがですか」となる。

しかし、このようなありきたりの声のかけ方をしても、お客さんに「買おうか」「飲みたい」という気持ちはなかなか起こらない。

さて、平均の3～4倍の売上を誇るカリスマ販売員といわれるSさんという人がいる。

彼女が声をかけると、次々とコーヒーが売れて行く。

彼女は、**「挽きたてのコーヒーいかがですか」**と声をかける。

「おいしいコーヒーいかがですか」と「挽きたてのコーヒーいかがですか」では、「おいしい」と「挽きたての」が違うだけ。なのに結果に大きな差がつく。

なぜならば、「おいしいコーヒー」では抽象的でイメージが湧かない。どうおいしいのかわからない。結果、買おうという気持ちが起こらない。

われわれは、「おいしい」とか「すばらしい」とかよく言うが、ありきたりでボンヤリとしていて心に響かない。

一方、「挽きたてのコーヒー」の場合は、具体的でイメージがパッと湧く。「挽きたて」という言葉から、コーヒー豆を挽いたときのこうばしい香りがどこからか漂ってくる。結果、「コーヒーが飲みたい！」となる。

このように、相手やお客さんをその気にさせるには、**相手の頭の中にイメージが湧くよう、その特徴や魅力を具体的に表現する**。

説明や説得をするときも同じだが、抽象的でありきたりの言葉ではなく、具体的でわかりやすい言葉を使うようにする。

また、このカリスマ販売員のSさんは、お客さんへの声のかけ方が具体的であるだけではない。あらゆることが具体的である。当日の天気、そして乗客の動向なども具体的につかんでいる。そして、それに応じて販売する商品や販売の方法を変えている。

たとえば、夏の帰省のピークはお盆の期間であるが、夏休み中の子どもたちは混雑を避け一足先に移動することが多い。そこで、その時期は子ども向けにお菓子やアイスを多めに用意するといった具合である。

やはり、デキル人はあくまでも具体的である。われわれも、まずは**状況を具体的につかむ**ことから始めたい。

対処法

抽「おいしいコーヒーいかがですか」

◀

具「挽きたてのコーヒーいかがですか」

column

具体的なメリットや用途を話す

携帯電話の販売のこと。通常は「ワンタッチボタンが付いています」、あるいは「軽くてしかも防水機能付きです」と、その携帯電話の機能のすばらしさを強調する。

ところが、あるベテランの販売員は、そのような一般的なことは一切口にしない。彼は、お客さんの話をまずよく聞き、ツボをつかんでからキメの言葉を発する。

たとえば、お孫さんがいるという人には、「このボタンを押すだけで、かわいいお孫さんといつでもお話しできますよ」とキメる。

このように、具体的なメリットや用途を話すと、相手やお客さんはすぐにピンときて、判断がつきやすい。

商品を販売するとき、こう声をかけると売れる

■野菜が売れるかどうかは声のかけ方次第

問題

八百屋さんがトマトを売るとき、お客さんにどのように声をかけると売れるか。

先ほどのコーヒーの話をベースに、この問題をわたしのメールマガジン『快想ＢＯＸ』で読者に問いかけたところ、次のような回答が寄せられた。

「露地植えトマトはいかがですか」

「朝採りトマトです。おいしいですよ」

「もぎたてのトマトです。どうぞ」

「採れたてのあま〜いトマトはいかがでしょうか」……


そのときの状況によって変わってくるが、いずれの声のかけ方も、ただ「おいしいトマトいかがですか」よりずっと効果があるだろう。

「露地植え」「朝採り」「もぎたて」「採れたて」というように、その特徴を具体的に言う。すると、「うまそうだ」「食べてみたい」となる。


右のような声のかけ方のほかに、次のような声のかけ方も考えられる。

「トマトの王様、桃太郎をどうぞ」と具体的なブランド名を言う。

「これにおいしい食べ方を書いています」と具体的な調理法を書いた紙を渡す。

「うまいです。ひと切れ食べてみてください」と具体的に試食してもらう。


次のように、具体的な数字をあげることで売上を伸ばしているお店もある。

「甘さが違います。普通のトマトは糖度が5ですが、これは倍の10もあります」

こう言われると、「糖度が倍の10もあるのか。きっと甘いのだろうな。ちょっと買ってみようか」となる。

以上、トマトに限らない。どんな商売や商品でも、お客さんに声をかけるときは、**その特徴や魅力を具体的にわかりやすく言う**。すると売れる。

対処法

~~抽~~「おいしいトマトいかがですか」

◀

具「甘さが違います。普通のトマトは糖度が5ですが、これは倍の10もあります」

■売れ残ったら値下げするしか手がないか

問題

おなじく八百屋さんでのこと。熟したメロンが売れ残っている。お客さんに、どのように声をかければ売り切ることができるか。

熟したと言えば聞こえはいいが、あとは腐るだけの状態。こうなると、バカの一つ覚えの値下げしか手はないのか。

いい方法がある。次のように声をかけるとよい。

「**今日、明日がちょうど食べ頃です**。今一番美味しいです」

すると、「そう言えば、いつも早めに食べてしまう。ちょうど美味しいときに食べたことがあまりない。じゃあ、買ってみようか」となる。

次のような声のかけ方もある。

「完熟なので、ジュースやゼリーにするとお子様にとても喜ばれます」

すると、「子どものおやつにちょうどいいわ。ジュースなら、おばあちゃんにも喜ばれる。買っていこうかしら」となる。実際、そうやって買っていく人が多い。

いずれの場合も、食べ方や調理方法をわかりやすく具体的に言い表わしている。その結果、「だったら、買ってみよう」と行動につながりやすくなる。

以上のように、熟しているという状況や特徴を把握した上で、**その状況や特徴を活かした具体的な提案をする**。言い換えれば、完熟してあとは腐るだけという、常識的に考えると不利だと思われることを逆手にとる。すると売れる。

同様に考えると、熟年の場合、その特徴（豊富な経験や人脈、おだやかな振る舞い、時間的な余裕……）を活かした活動をすれば、まだまだ活躍の場はある。「熟す」→「もう終わり」と決めつけないようにしたい。

対処法

抽 **売れ残りの熟したメロン。バカの一つ覚えで値下げをする**

具 **「完熟なので、ジュースやゼリーにするとお子様にとても喜ばれます」**

■いいとわかるよう商品の特徴を具体的に表現する

問題

今度はミカンが入荷した。お客さんにどのように声をかければ効果的か。


単に「ミカンが入荷しました」では訴求力が弱い。次のように言うとよい。

「南向き斜面で、太陽をいっぱいに受けた三ケ日ミカン。今着いたばかりです」

実際、このような声のかけ方をしたとたん売れ始めた例がある。


スイカが入荷した場合も同様に、次のように言うと効果的である。

「なかなか手に入らない上品な甘さの尾花沢のスイカ。ただ今入荷しました」

ミカンやスイカに限らない。その商品の特徴や産地を具体的に言うと効果的である。ところが実際は、入荷したら黙って店頭に並べているケースが少なくない。これは実にもったいない。入荷したこと（店にあること、新鮮であること）を、その特徴を交え具体的にお客さんに伝えたい。それは、お客さんも望んでいることである。

どんな商売やビジネスであれ、お客さんは**商品やサービスがいいからではなく、いいとわかるから買うのだ**。いいとわかるよう、その特徴や良さを具体的に表現したい。具体的に表現することでイメージが湧き、おいしさ、新鮮さ、品質の高さ、珍しさなどが実感としてわかる。結果、「食べたい」「買おうか」となる。

なお、口で言うだけでなく、書いて表示してもよい。このとき、図、イラスト、写真などを入れるとより具体的になり効果も高まる。

あなたも、自分や自社の商品・サービスに対して、お客さんが「ほしい」「買ってみたい」と思うように、その特徴や良さを具体的に表現してみよう。

対処法

抽 **黙って店頭に並べている。あるいは、ただ「ミカンが入荷しました」と言う**

具 **「南向き斜面で、太陽をいっぱいに受けた三ケ日ミカン。今着いたばかりです」**

column

食べ物の保存方法を具体的に言う

ハンバーガーの販売のこと。お買い上げのハンバーガーをただ手渡しをするのでは、売上は伸びない。手渡しをするとき、食べ方や保存方法を具体的に言うとよい。

たとえば、「冷凍保存もできます」と保存方法を具体的に言う。すると、「子どもの夜食用に冷凍保存しよう」と、いつもの何倍も買う人がいるという。

「子どもの夜食用に冷凍保存する」と用途がわかったなら、次には「冷凍保存もできます。お子さんの夜食用などにいかがですか」と用途も具体的に言えば、さらに売上がアップするだろう。

野菜の場合は、「漬物にすると保存がききます」と言うと、「そうね、いいわね」とさらに買ってくれるだろう。「漬け方はこれに書いていています」と、漬け方を書いた紙を渡すとさらに効果的である。

お客さんが来てくれる案内板の書き方

問題

表通りから100mほど奥に入った所に喫茶店がある。表通りを行く人を店に導くには、どのような案内板を出せばよいか。

通常は表通りの目立つ所に、矢印を付け「この道入る」と書いた案内板を出している。しかし、このような案内では訴求力に欠ける。来てくれる人は少ない。

そこで、できるだけ具体的に表現する。たとえば、案内板に矢印とともにわかりやすい地図を入れる。これでだいたいの場所がわかる。

その上で、「ここから100メートルです」、または「ここから1分半です」と具体的な

お客さんが来てくれる案内板

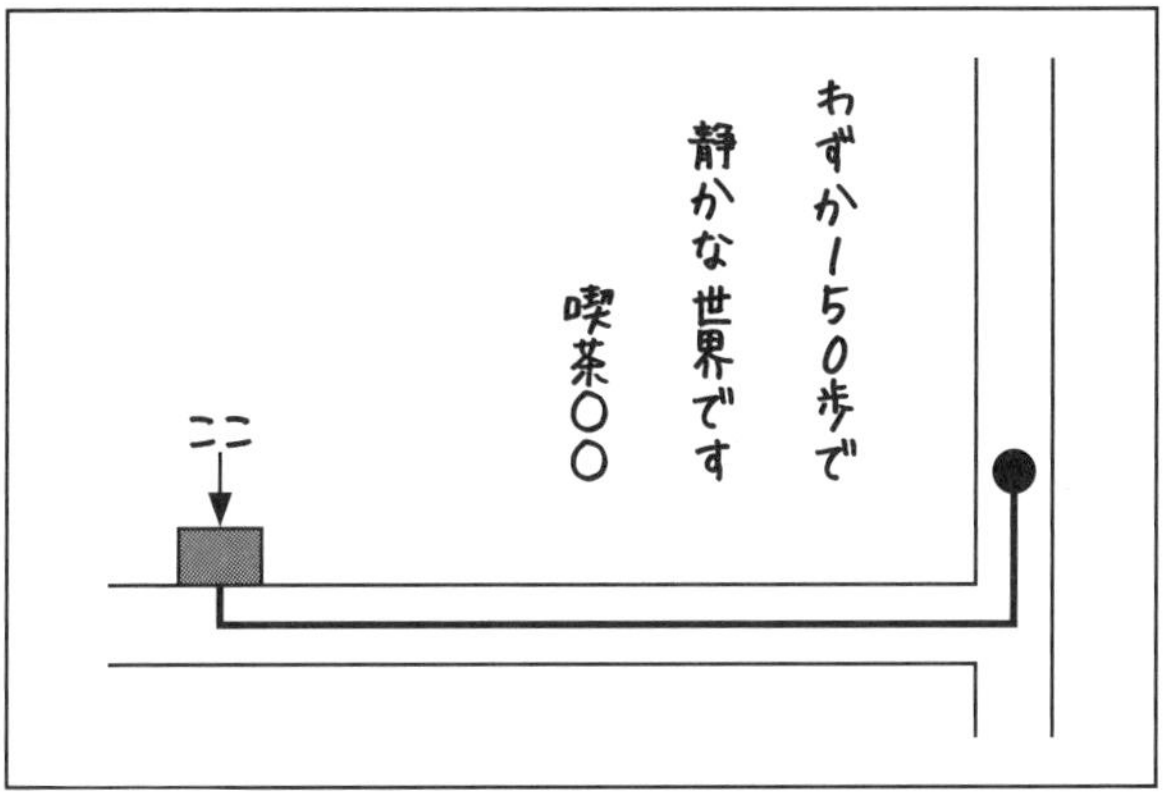

数字を入れる。すると、「そう遠くないから行ってみようか」となる。

もう一つ同様の表現がある。

ある観光地でのこと。わかりやすい地図と矢印付きで、「わずか150歩で、静かな世界です。喫茶○○」という案内板が表通りに出されていた。

わたしは「わずか150歩」という言葉に惹かれ、いつしかそちらに足を向けていた。「ホンマに150歩かいな」と試しに歩数を数えてみた。

すると、わたしの足が短いせいか200歩くらい要した。着いてみると、確かに静かな所で、おいしいコーヒーを堪能することができた。

このことは、街頭の案内板に限らない。パンフレットやネットなどで、案内を出すときにも言えることである。

地図や矢印で視覚的に示すとともに、「100メートル」「1分半」「150歩」というように、**具体的な数字（距離、時間、歩数など）を入れる**。そうすることで、人の心および足を動かすことができる。

対処法

抽　**案内板に、矢印を付け「この道入る」と書く**

具　**わかりやすい地図と矢印付きで、「わずか150歩で静かな世界です」と書く**

column

講師を紹介するときはできるだけ具体的に書く

ネットやパンフレットで、セミナーの講師の紹介をする場合、その専門分野や業績だけでは訴求力が弱い。出身地、卒業した高校・大学、勤務した会社名・部署名、趣味、特技、モットーなどをできるだけ具体的に書くとよい。

たとえば出身地なら、「大分県由布市湯布院町出身」と書く。すると、「女房の実家が湯布院の隣の別府だ」ということから親しみや関心を示してくれ、「ちょっと話を聞きに行こうか」となる。実際、こうして研修を申し込んでくれた人がいる。

良さが伝わるよう写真や実演で具体的に示す

問題

手ブレ補正の付いたデジカメを売るとき、どのように言えば効果的か。

たとえば、「手ブレ補正が付いているので、きれいに写ります」と言ってもあまり効果がない。「手ブレ補正」という言葉さえわからない人がいる。

そこで、従来のデジカメとそのデジカメの違いをわかりやすく示すために、「手ブレしてボケた従来の写真」と「手ブレ補正したシャープな写真」を並べ、「こんなにシャープです」と、**その効果をリアルに具体的に示す**。

健康器具やダイエット食品のコマーシャルで、その効果を示すために「使用前と使用後のお腹の出具合」を写真で比較するが、あの手を使うのである。

こうして**具体的な効果を視覚的・直感的に示す**ことで、お客さんにその商品の良さや特長をわかりやすく伝えることができる。そして、売上につながる。

一方、吸水布のコマーシャルでのこと。「牛乳をこぼしたときも、こんなに吸水します」と具体的に実演してPRしている。このように、効果とともに用途を具体的に示すと、さらに説得力がある。

同様に、テレビショッピングの「ジャパネットたかた」は、商品の具体的な効果と用途を実演などによって実にわかりやすく伝えている。参考にしたい。

以上、いい商品だから売れるのではない。「これはいい商品なのに、どうして売れないんだろう」と思う人がいたら、大いに反省すべきである。その良さがお客さんに伝わるよう、**写真や実演などで具体的に示す**必要がある。

提案も同様である。いい提案だからではなく、いい提案とわかるから同意が得られる。企画書やプレゼンも広告と同様、写真や実演入りでわかりやすく表現する。

対処法

抽 「手ブレ補正が付いているので、きれいに写ります」と言う

◀

具 従来の写真と手ブレ補正した写真を並べ、その効果を具体的に示す

定期的にお客さんに来ていただくには

問題

歯医者さんのこと。歯垢を定期的に取ることを患者さんに勧めている。どのように言えば、患者さんは定期的に歯垢を取りに来院してくれるか。

よくあるように、「定期的に歯垢を取りに来てください」と紋切り型に勧めてもほとんど効果はない。わたしもよく言われるが、聞き流して終わりである。

そこで、ある歯医者さんは、**「誕生日に歯垢を取りに来てください」**と来院の日を具体的に指定した。すると効果抜群。本人だけでなく家族も来るようになった。

このケースと同様の考え方をしている小型スーパーがある。割引日を具体的に決め、定期的にお客さんに来店していただく工夫をしている。

そのスーパーでは、ポイントカードを活用している。木曜日だけポイントが2倍になるようにしている。木曜日になると、そのスーパーを訪れ買いだめをするお客さんが少なくない。

5倍ポイントの日を定期的に設けているドラッグストアもある。いずれも、固定客をガッチリつかみ繁盛している。

なお、2倍、5倍といっても、2%、5%の割引である。それほど大きくない。「倍」という響きに釣られているようである。それと、定期的に買うことでポイントが知らず知らずたまり、1ヶ月もたつと結構な金額になっていることが魅力のようだ。

これらのほか、特定の日を指定する商法の応用として、たとえば6月8日に生まれたお客さんは、毎月8日を10%割引きにするという方法が考えられる。理容室や美容室などは向いているのではないか。

対処法

✕ 抽	「定期的に歯垢を取りに来てください」
◎ 具	「誕生日に歯垢を取りに来てください」

要望や不満を聞くには具体的に問いかける

問題

お客さんの要望や不満を知るには、どのような聞き方をすれば効果的か。

たとえば食品スーパーで、お客さんに対して「何かご要望はございませんか」、あるいは「ご不便はございませんか」と抽象的な聞き方をしても返事は返ってこない。そうではなく、「レジでお困りのことはございませんか」「商品のレイアウトはわかりやすいですか」……と**具体的に聞く**。すると、お客さんは答えやすく、具体的な要望や苦情を知ることができ対応がとりやすい。

たとえば、「レジでお困りのことはございませんか」に対し、「商品をレジ袋に詰めるのに時間がかかるので何とかしてほしい」という返答があれば、「袋詰めは別の所でセルフでやっていただく」というように対応策が出てくる。

さらに具体的な聞き方としては、「必要な調味料は揃っていますか」「どこに醤油があるかすぐわかりますか」というように商品名をあげたり、「朝食にはどんなものを食べますか」「晩酌にはどんなお酒を飲みますか」と用途を聞いたりする。

なお、返ってきた返事が抽象的な場合は、さらに突っ込んで聞く。たとえば、「試食した感想はいかがですか」に対し「おいしいです」と返ってきたら、すかさず「どのようにおいしいですか」と聞く。すると、「歯ごたえがよく、甘さの加減もちょうどいいわ」といった具体的な答えが返ってくる。

わたしも講演などで、「とてもタメになった」と感想をいただくことがあるが、「どのようにタメになりましたか」と返している。すると、「アイデアを出すにはただ考えるだけでなく、やっぱり書かなければダメだ」といった具体的な返答をいただける。

対処法

抽 「何かご不便はございませんか」と抽象的に聞く

具 「レジでお困りのことはございませんか」と具体的に聞く

チャイナ服が飛ぶように売れる声のかけ方

問題

チャイナ服の販売。
お客さんにどのように声をかければ買っていただけるか。

チャイナ服を前に、「どうしよう」と迷う女性客が少なくない。このようなとき、通常は「お似合いですよ。どうぞ」といった声のかけ方をする。

一方、横浜の中華街にあるチャイナ服の販売店のこと。ここの女性店主は、何はともあれチャイナ服を試着してもらうようにしている。

迷っている女性客に対し、「チャイナ服って着たことがないでしょう。どうぞ試しに着てちょうだい」と声をかける。と同時に、ハンガーから服を外し女性客にサッと渡す。そして、試着室にうながす。これらの流れが実にスムーズである。

そして、試着室から出てきた恥じらいがちの女性客に対して、前、横、後ろとよく観察した上で、**「背中から腰にかけての線がとてもきれいよ」**などと、その魅力を具体的に褒める。

その上で、「自分の魅力を広げるチャンスよ」とひと言添える。そして「ほらね！」と姿見で見せる。ここまでくると、お客さんには買うという選択肢しか残っていない。

この女性店主は、具体力の塊《かたま》りみたいな人である。まず、具体的に試着してもらっている。その良さを口であれこれ言うよりはるかに効果がある。

また、ハンガーから服を外して女性客にサッと渡し、試着室にうながすという行為も実に具体的である。着るかどうか迷っている暇はない。

さらに、「背中から腰にかけての線がとてもきれいよ」と具体的に魅力を褒めるとともに、「自分の魅力を広げるチャンスよ」「ほらね！」と具体的に姿見で見せる。

対処法

抽 「きっとお似合いですよ。どうぞ」と声をかける

具 具体的に試着してもらうと共に、具体的に魅力を褒め具体的に確かめてもらう

お客さんがつい買ってしまう決めの文句

■売上が3倍に増えるうまい方法

問題

特急電車の車内弁当の売れ行きがよくない。どうすればよいか。

東京と東北地方を結ぶ特急電車がある。その車内で、特製の「すき焼き弁当」を販売している。「特製」であるのに売れ行きが思わしくない。

そこで、すき焼き弁当のメインターゲットであるビジネスマンが好む味にするとともに、包みのデザインも合わせて改良した。

さらに、売り方に工夫を加えた。**「車内限定です」**の殺し文句を入れたのだ。結果、売上がなんと1ケタ以上もアップした。

よく「特製」という言葉が使われるが、特製と言われても、抽象的でピンとこない。しかし、「車内限定」と具体的に言われると、「(ここで買うしかないな)じゃあ買おうか」となる。いわば「限定効果」である。

この限定効果はあれこれ応用が利く。たとえばラーメン屋さん。味に自信があるが、なかなかお客さんが入らないときなど、この限定効果を使う。

たとえば「当店オリジナルの○○ラーメン、限定50食」とする。そして、店の前に目立つように貼り出す。

実際、このようにすることで売上が3倍以上伸びたお店がある。

■「限定効果」は非常に効果が高い

話は変わって、わたしの自宅の近くにある団子屋さんのこと。

看板に、「午前9時〜午後5時営業　**売り切れ次第終了**」とある。実際、3時か4時に売り切れることがよくある。

こうして販売量を限定しているため、その団子屋さんの前を通りかかると、つい「売り切れないうちに買っておこう」となる。団子もうまいが、商売もうまい。

飲食業に限らない。限定効果は売上アップに大きく貢献する。わたしも、この限定効果を試したことがある。

ある講演会に著書を持参し講演後に販売したが、売れ行きが悪い。そこで**「残りは○冊だけです」**と呼びかけたところ、次々と売れていった。

あなたも、ぜひ限定効果を試してみていただきたい。

場所の限定や数量の限定のほか、次のような限定がある。

●人数限定…先着20名様、15席限定
●期間限定…本日だけ、今週限り、夏季のみ
●対象者限定…60歳以上、グループ（4名以上）のみ
●その他限定…通信販売のみ、現金販売限定

対処法

抽 ただ単に「特性弁当いかがですか」と言う

具 「車内限定です」の殺し文句を入れる。結果、売上が1ケタ以上アップ

column

有名な利用者の名前を具体的に示す

群馬県の片田舎にあるメガネ屋さんのこと。店を訪れる人はほとんどいない。なのに商売繁盛だという。その秘密は、インターネット販売における工夫にある。

もう10年以上前の話になるが、わたしがそのお店を訪ねた頃のこと。ご主人がシドニーオリンピックの女子マラソンの中継を見ていたが、高橋尚子選手がサングラスを投げ捨て勝負に出たのを見るや、すかさずそのサングラスを仕入れる手配をした。

そして、インターネットを通じてすぐに販売を開始。飛ぶように売れたという。

このとき、消費者が「ああ、あれか」とすぐわかるように、「高橋尚子バージョン」と具体的な銘を打つことを忘れなかった。

第4章

わかってもらえる具体力

人を褒めるときは、よく見て具体的に褒める

■プライドの高い女優さんをうまく褒めるには

問題

女優さんを褒めるとき、どのように褒めれば女優さんはヤル気を出すか。

ＮＨＫ大河ドラマ『竜馬がゆく』などで演出を手がけた和田勉さんは、女優さんを褒めてその気にさせる名人だったという。

女優さんは褒められることに慣れているので、使い古された言葉では喜ぶどころか機嫌

を損ねる。なかなかむずかしい。

そこで彼は、「とても素敵だ」ではなく、「今の手の仕草、とてもいいよ。誰も真似できない」などと具体的に演技を褒めた。そうして彼は、女優さんの意欲も演技も向上させた。それが、テレビドラマを魅せるものにした。

名編集者と言われる人も、作家を褒めるのが実にうまい。「……の部分は、親子の情愛がせつなく伝わってきて、わたしもつい涙がこみ上げてきました。やはり先生でなければ表現できません」などと、表現を具体的に褒める。

また、わたしの知っている公文のN先生も実に褒め上手だった。褒めるとき、「二桁の足し算がちゃんとできるようになったわね」というように、どこができるようになったかを具体的に褒めていた。

相手をちゃんと見ているから、具体的に褒めることができる。つまり、具体的ということは相手をちゃんと見ている、よく観察しているということである。相手のことをしっかり受け入れている（認めている、評価している）ということである。

人は、誰だって存在を認められたい。放置されたり、無視されることが一番つらい。「あなたのことをちゃんと見ているよ」と認められることが何よりも嬉しい。認められればやる気も出るし、向上心も湧いてくる。

さあ、あなたもお客さん、部下、子どものことを**よく見て具体的に褒めよう。**

■具体的な部分をあげ、わかりやすく感想を言う

褒めるときと同様に、感想を述べるときも具体的に言う。

たとえば奈良を旅行して、その感想を人に話すとき、ただ単に「奈良に行って良かった」、あるいは「薬師寺が良かった」ではわからない。

「奈良を旅行して、薬師寺の日光菩薩の腰の線に魅せられた。実に艶《なまめ》かしい。あれこそ世界遺産だ」というように、**具体的な部分をあげわかりやすく言う**。すると、「そんなに良かったか。わたしも行ってみよう」となる。

話は変わって、わたしは、「発想多彩ひろば」というブログを開いている。このブログの「カラフルエッセイ」というコーナーに、4人のビジネスパーソン（Oさん、Tさん、Wさん、Sさん）が毎月エッセイを寄せてくれている。

平均して11年以上、長い人は15年以上続けている。こんなに長く続くのは、みんなまさに発想多彩で、さまざまなことに関心の目を向けているからである。

わたしは、毎月エッセイがメール添付で届くと、必ず感想を書いて返送している。このとき全体の感想とともに、**一番心に響いた部分を具体的に取りあげ、その感想を書く**ようにしている。

こうすることで、相手に対して「隅々までちゃんと読んでいますよ」ということが伝わるからである。一人でもちゃんと読んでくれる人がいるなら、書く方としても書き甲斐がある。こうしたことも続いていることの一因となっているようだ。

なお、一つでも心に響くところを見つけるためには、注意深く読む必要がある。そうして注意深く読み心に響いたことは、わたしにとって有用な知識となって残る。わたしが少し広い見方ができているとすれば、こうしたおかげである。

対処法

抽 ✕ **「とても素敵だ」などと、使い古された言葉で女優さんを褒める**

具 ◎ **「今の手の仕草、とてもいいよ。誰も真似できない」と具体的に演技を褒める**

相手に合った具体例をあげて話す

問題

講演会や説明会などで話をするとき、どんなことに留意して話せばよいか。

わたしは仕事柄、講演会やセミナーで話をする機会がよくある。たとえば、商工会議所向けの講演では、「売上を増やす！　頭の切り替え方」などのテーマで話す。

このとき、どんなに高邁な話をしても、あるいは理論的に優れた話をしても、話が抽象的あるいは一般的な場合、誰も聞こうとしない。

そこで、わたしは話をする前に、どのような業種・職種の人が聴講するのかを確認している。その上で、聴講者の関心のある具体例をあげて話すようにしている。たとえば商店主が多い講演会では、八百屋さんや酒屋さんなどの具体例をあげ、頭の切り替え方を話すわけである。すると、「今日の講演は、とてもわかりやすくて為になった」となる。

このことは講演に限らない、説明会や討論会でも、会議や打ち合わせでも、人に話をするときは専門的な抽象論ばかりではなく、**相手に合わせて具体例をあげて話す**。するとわかってもらえる。

たとえば、子どもに対して平和の大切さを話すとき、高尚な平和論を説くより、「平和が大事」と百万回唱えるより、たとえば広島や長崎の原爆、あるいは東京大空襲などの具体例をあげて話した方がはるかにわかりやすい。

以上見てきたように、百の抽象論・観念論より、一つの具体例や体験談の方がはるかに説得力を持つ。なのに、つい偉そうに抽象論や机上の空論を振り回す人（特に管理職）が少なくない。くれぐれも具体例を忘れないようにしたい。

対処法

✕抽 講演会で高邁な話をしたり、理論的に優れた話をする

◀

◎具 聴講者の関心のある具体例をあげて話す

column

名社長の言葉はどれも具体的でわかりやすい

抽象論を振り回す管理職に比べ、会社を大きく育てた創業社長の言葉はいずれもわかりやすい。具体的であるし、たとえが巧みである。

たとえば次の通りである。

■ホンダの本田宗一郎

○「箱根の山を越えるオートバイを作りたい」…言葉の通り実に明確である。

○「飛行機は飛び立つときより着地が難しい。人生も同じだよ」…彼は社長の職を退くにあたり、45歳の河島喜好氏を後継社長に任命した。見事な着地であった。

■堀場製作所の堀場雅夫

○「おもしろおかしく」…仕事をおもしろくやれ。能率は3倍にも4倍にもなる。

○「イヤならやめろ」…仕事が嫌なら、面白くないならやめろ。好きなことをやれ。

■日本電産の永守重信

○「月曜日の朝が一番楽しい人」…どんな人を後継者に選びますかという質問に対

し、このように答えた。

○「集中治療室に入っている企業で、回るもの、動くものを作っている企業」に絞って投資している。たとえば、苦境に陥った三協精機やコパルを傘下に入れた。

■公文教育研究会の公文　公《くもんとおる》

○「ちょうどの学習」…学習指導の基本。その生徒にちょうど合った教材を与えれば、できるようになるしやる気も出る。

○「損をさせるな」…教室運営の基本。「公文を学習して得をした。成績が上がった」と思ってもらえる指導をせよ。「お客さんに得したと思ってもらえ」ということ。

存在を認めてもらいたいなら一つ実績を作る

問題

自分の発言や提案を上司・同僚に認めてもらいたい。どうすればよいか。

発言や提案が認められるには、発言や提案自体が成果に結びつく優れたものである必要がある、ということは言うまでもない。

とともに、**一つでいいから具体的に実績を上げる**。何の実績のない者の発言や提案は、誰も聞いてくれない。そこで、何か一つでいいから実績を上げる。すると、「ちょっと話を聞いてみようか」「提案をやらせてみようか」となる。

たとえば法人営業なら、1社でいいから顧客を獲得する。実績を作ると、周りから一目置かれる。存在が認められ、話を聞いてもらえるようになる。

話は変わって独立起業のこと。独立当初はまだ実績がなく、なかなか世間に認めてもらえず苦労する。どころか、約半数の人が1～2年で撤退を余儀なくされている。

世間の信用を得るためには、一つでいいからまず実績を作る必要がある。わたしの場合は、次のようにして実績作りをした。

独立した当初のメインの商品は、創造力開発セミナー『無限』。いきなり企業での採用（出張研修）は無理だったので、個人向けの通信講座からスタートした。

まずはじめに、有名企業に勤務する学生時代の寮友などに教材を送りつけ受講者になってもらい、それをもって実績とした。必要なのは**具体的な受講実績（有名企業名）**であり、**具体的な利用者の声**である。

あとは、受講実績（有名企業名）と利用者の声をパンフレットに大きく載せ、産業新聞の広告欄やＤＭなどでＰＲした。こうして販路を広げていった。

対処法

抽 様々な提案をただ繰り返すが、聞いてもらえない

具 一つでいいから具体的に実績を上げる。その上で発言や提案をする

相手やお客さんに参加してもらう

■聞く人の関心を引くうまい方法

問題

多くの人の前で話をするとき、こちらの話に関心を持ってもらうにはどうするか。

わたしは講演、セミナー、研修、それに交流会（発想多彩クラブ主宰）などで話す機会がよくある。話をするとき、スタート（まくらの部分）が肝心で、まず聴講者の関心をこちらに向ける必要がある。

聴講者の関心を引くいい方法がある。それは、**聴講者に参加してもらう**ことだ。わたしは、話を始めるやまずクイズや問題を出し、聴講者に考え答えてもらう。

たとえばタオルを取り出し、「これは何ですか」と聞く。このとき、できるだけ多くの人（10～20人）から答えを聞く。ほとんどの人が「タオル」と答える。「布」「フキン」「拭くもの」などと答える人もたまにいる。

そうして考えたり答えたりして（つまり参加して）もらった後、わたし流の答えを言う。たとえば「包帯」「ハチマキ」、「旗」「のぼり」、「クッション」「座布団」、さらには「焚《た》きつけ」……。これら以外に「棒」という答もある。濡らして棒状に丸めて冷凍庫に入れると棒になる。

「柔軟発想法」や「発想の転換」などのセミナー・講演は、こうやってスタートを切る。こうしてまずみんなに参加してもらうと、あとは実にスムーズである。

なお、実践研修など、受講者が20人以下の場合は、はじめに全員に自己紹介してもらっている。自己紹介（発言）という形でまず参加してもらうわけである。

■ミュージカルを多くの人に観に来てもらう妙案

話は変わって、ある劇団のこと。その劇団では、サラリーマンミュージカルを制作するにあたり、1万人におよぶ会社員に面接しアンケートをとった。サラリーマンの実態をつかみ、それを脚本や舞台作りに取り入れるためである。

しかし、目的はそれだけではない。事前に面接をして話を聞くことで、その劇に間接的に参加してもらっているのである。その結果、面接を受けた人はその劇に関心を持ち、案内状が来ると「ちょっと観に行ってみようか」となるのである。

実際、わたしの知っている限り、ほとんどの人がそうなった。しかも、家族や友達、会社の同僚や部下などを連れて観に行った。1万人どころか、それ以上の人が観に行った。わたしも交流会のメンバーを誘い観に行った。

実に上手い方法である。いきなり券を売りつけられたら、誰だって買う気にならない。ところが、一度アンケートという形で参加していると、関心がグンと高まり買う気になる。あなたも、お客さんに一度参加してもらう工夫をするとよい。

■相手にまず参加してもらう、具体的に何らかの行動をしてもらう

以上見てきたように、相手にまず参加してもらう。言い換えるなら、「考える」「答える」「自己紹介する」「アンケートに答える」など、具体的に何らかの行動をしてもらう。すると、相手の関心がこちらやそのこと（講演、研修、劇など）に向く。

いわば**「参加効果」**や**「具体的行動の効果」**である。この参加効果はいろいろ応用できる。たとえば会社などの懇親会。社員同士の交流や懇親を深めようと懇親会を開くが、参加者がふるわないのが実情である。特に、若い社員の参加がよろしくない。

そこで、懇親会の委員に若い社員を半数以上選ぶ。まず委員として参加させる。すると、委員に選ばれた社員はもちろん、その社員の勧めで同期や友人が参加する。

また、若い委員の発想がマンネリ化した懇親会に新しい刺激を与えてくれる。懇親会に限らず、ベテラン社員が音頭を取り相変わらずのことをやっていては、マンネリ化するし人も集まらない。若い社員をできるだけ委員にするようにする。

「東京スカイツリー」や上野のパンダの名称を一般募集したのも、参加効果による集客を狙っている。参加効果をもっともっと活用したい。

対処法

抽 多くの人の前で話をするとき、いきなり本題に入る

具 はじめにクイズを出すなど、聴講者にまず参加してもらう

数字でシンプル化するとわかりやすい

■ブックオフの具体的でシンプルな価格設定

問題

素人でも古本の値付けができるようにしたい。どうすればよいか。

古本の値付けは素人には難しく、以前は書籍に関して広く深い知識をもった専門家が行っていた。

ところがブックオフでは、「定価の1割で買い取り5割で売る」ようにした。また、「3

か月売れなかったら一律100円にする」ようにした。

目安となる数字（価格、日数）が明確で、実に具体的でシンプルである。わかりやすい。これなら本の目利きでなくても、素人でもバイトでも値付けができる。結果、チェーン化が容易となり現在の隆盛を誇っている。

われわれも仕入れ値や売値を決めるとき、従来のやり方にこだわらず、このくらい思い切ったシンプル化を図ってみてはどうだろう。

■値段を単一化すると、わかりやすくお客さんが集まる

具体的でシンプルと言えば、「100円ショップ」も同様である。値段をシンプル化あるいは単一化するとわかりやすく、そのわかりやすさがお客さんを呼び寄せる。

値段の単一化は今に始まったことではない。大正時代、ブリヂストンの創業者・石橋正二郎も、足袋の値段の単一化を行った。

それまでの足袋は、種類やサイズごとに価格が設定されていた。ところが、彼はすべての足袋を「二十銭均一」で販売した。これが受け、その後の発展の基礎を作った。

現在では、1000円カット（散髪）、9800円スーツ、ワンコイン（500円）弁

当など、価格の単一化やシンプル化はあちこちでよく見かける。

対処法

抽 商品の種類、サイズなどで値段がそれぞれ違う

具 定価の1割で買い取り5割で売る

具体的なシンボルで街やトイレをキレイにする

問題

ゴミのポイ捨てや自転車の放置をなくし、街をキレイにしたい。どうすればよいか。

常識的には、「街をキレイにしましょう」「ゴミのポイ捨てをなくしましょう」などといった看板を街角などに立てる。しかし、効果があったことがない。

都内のある地区の住民のこと。「ビルの街に潤いを」ということで、**通りを花で飾る**ことにした。400mほどある道路の両側のガードレールに、約6mおきに花かごをかけ、サクラソウやパンジーなどを植えた。住民たちが世話を1年間続けた結果、ポイ捨てのゴミが減るとともに、約30台あった放置自転車がなくなったという。

通りにきれいな花があると、その花に遠慮して、また花で心まできれいになって、ゴミを捨てたり自転車を放置したりしづらくなったのだ。さらに、住民が水やりなどの世話をしに通りかかるので、その目も気になった。花と人に見られると悪いことはできない。防犯にも役立っているだろう。いいこと尽くめだ。

花は、キレイを表わす具体的なシンボルである。このような**具体的なシンボルを通りに置く**ことで、キレイについての住民や通行人の意識が高まり、その結果ゴミのポイ捨てや放置自転車が減り、街が〝キレイ〟になったのである。

話は変わって、男子用の公衆トイレのこと。例によって、小便器のまわりが汚い（アチコチおこぼれがある）。汚いのは、汚い雰囲気のままにしておくからである。

ある人がトイレを隅々までキレイにし、かつ花を摘んできて飾るようにしたところ、汚れがなくなったという。キレイな雰囲気を保とう（汚さないようにしよう）という意識が働き、「一歩前へ」の貼り紙がなくても一歩前に出るようになったのだ。

対処法

~~抽~~

「街をキレイにしましょう」などといった看板を街角などに立てる

▶

具

約6ｍおきに花かごをかけサクラソウなどを植え、通りを花で飾る

リアル感があれば相手の心を打つ

問題

暑中見舞いハガキコンテストで最優秀賞を獲得するために、どのようなデザインをすればよいか。

デザイナーを募集している会社で、暑中見舞いハガキのデザインコンテストが開かれた。最優秀賞を獲得すれば、デザイナーとして採用される。テーマは「涼」。あなたならどんなものをデザインするか。

多くの応募者は浴衣、アサガオ、清流などを取り入れたデザインのものを作成した。そうした中、ハガキの素材に和紙を使った人がいた。和紙はいかにも涼しげである。涼しさを具体的に（リアルに）表わしている。**和紙を使い涼しさのリアル感を出した**彼の作品はデザイン的にも優れており、みごと最優秀賞を獲得した。

一方、コピーライター志望のある若者のこと。熱心に就職活動をしている。これまで36回も応募を続けたが、それでも採用に至らない。ようやく彼は、「ふて腐れていてもしょうがない。工夫するしかない」と頭を切り替える。

彼は、「コピージャック」なる方法を考え出す。新聞の全面広告の中から評判のいいものや賞を獲得したものを選んでスクラップし、キャッチコピーの部分を切り取り、代わりに自分が考えたコピーを書いて貼りつけた。そして、次の応募先にそのコピージャックしたものを履歴書とともに大量に送った。（参考『みんなに好かれようとして、みんなに嫌われる。』仲畑貴志著・宣伝会議発行）

なるほど、これだと目立つ。紙にコピーだけを書いたものと違い、**具体的な広告をベースに作っているのでリアル感がある**。とてもわかりやすい。結果、一発で採用された。コピー名人といわれる仲畑貴志さんの若き日のアイデアであった。

以上のように、具体性を持たせリアル感を出すようにすると訴求力がグンと増す。販売促進やプレゼンなどに活用したい。

対処法

抽 デザインに浴衣、アサガオ、清流などを取り入れる

具 これらに加え、ハガキの素材に和紙を使い涼しさのリアル感を出す

第5章

パッとわかる具体力

感覚的にすぐわかるよう色分けをする

■ミスをなくす簡単で効果の高い方法

問題

次にどう行動すればよいかがすぐわかるためには、どのように表示すればよいか。

日々お世話になっている道路の信号。信号を見るだけで、次にどう行動すればよいかがパッとわかる。それは、「赤、青、黄」と色分けしているからである。

赤は危険を表し、「止まれ」の合図である。青は安全を表し、「進め」の合図である。中間の黄色は注意を表し、「注意して進め」の合図である。

信号の色を見るだけで、次の行動が運転者にも歩行者にも即座にわかる。色分けという具体的な表示であるので、感覚的に判断でき行動にすぐ結びつく。

もし色分けではなく、「止まれ」「進め」「注意して進め」というように言葉での表示であったなら、感覚的にパッとわからない。言葉を読んでいる間に、車が突っ込んでくるかもしれない。

話は変わって、ある化学工場のこと。製品を生産するのに投入する材料が5種類ある。材料を入れている缶には材料名を明記している。にもかかわらず、作業員がときおり間違って材料を投入することがあった。

投入ミスは決してあってはならない。製品のロスだけでなく、ラインが停止することにより大きな生産ロスにつながる。

そこで、材料を間違って投入しないよう、**材料を入れている缶を色分けした**。すると、投入ミスがまったくなくなった。

とともに、どの材料かが感覚的にすぐわかるので、投入作業が手早く行われるようになった。小さな工夫で大きな成果が得られた。

以上見てきたように、次にどう行動すればよいかがひと目でパッとわかる（感覚的にすぐわかる）には、色分けをするのが最も簡単でかつ効果的である。

■すぐわかるよう、ビンを試料に合った色で色分けする

ひと目でパッとわかる（感覚的にすぐわかる）には、色分けをするのが簡単でかつ効果的であるが、以下にその具体例をいくつか紹介する。

ある研究所のこと。食品の材料となる試料が１００種類以上ある。実験をするとき、必要とする試料が容易に見つからない。どれがどれだかすぐ区別がつかない。

そこで、「由来別」「処理別」に、タイトルつきのカラーシールを試料ビンの上面と側面に貼った。このとき、**それぞれの試料がイメージしやすい色を貼った**。

結果、整理・保管、そして利用がけた違いにやりやすくなった。それぞれの試料に合った色で色分けされているので、見ればどの試料かがすぐわかる。関連したものもすぐに見つかる。

さらに、色付きなので試料だとわかり、放置されたり廃棄されたりすることもなくなった。色分けしただけなのに、いいこと尽くめである。

■不用な資料を捨てた上で、分類して色別にファイルする

ある営業所のこと。幅が1メートルで4段の棚がある。そこに、商品のカタログなどさまざまな資料が整理されずビッシリ置かれている。必要な資料を探し出したり、取り出したりするのにたいへん苦労している。

そこで、「1年以上使用していないものは破棄する」「新しく置く資料に日付を明記する」「資料を分類別にファイルし、**ファイルを色別にする**」などの対策を打った。

結果、「ファイルを色別にする」が特に功を奏し、必要とする資料がすぐに取り出せるようになった。色分けをしているので、どこにあるかがパッとわかるのだ。

また、空きスペースができたので、机の上や引き出しの中の資料も保管できるようになり、デスクワークが快適にできるようになった。

■すぐ取り出せるよう、マニュアルを色別のファイルに綴じる

ある実験センターのこと。実験をするとき、実験装置のマニュアルをしばしば参照する。ところが、マニュアルが資料の中に埋もれていたり、実験装置があれこれあり、どのマニ

ュアルかすぐにわからない。

そこで、**各マニュアルを色別のファイルにそれぞれ綴じた**。バラバラだったマニュアルが整理されるとともに、必要なマニュアルがすぐに取り出せるようになった。

色別のファイルはさまざまなことに使える。たとえば、顧客用のファイルでも顧客別あるいは地域別に、色別のファイルに綴じるとわかりやすい。

■イエローカードとレッドカードで税収2倍

ある地方自治体の話。自動車税の納税を促すため、それまでは茶色や青色の封筒で催促していた。しかし、「またか」と簡単に捨てられることが少なくなかった。

そこで、「納税を促す催告書」と「差し押さえ予告書」を送付する封筒の色を、それぞれ黄色と赤色に変えた。

つまり、サッカーの**イエローカードとレッドカードをイメージする色に変えた**のだ。すると、効果てきめん。自動車税の税収が、前年同期の2倍に跳ね上がったという。スゴイ！

■わかりにくい、効率が悪いと思ったら色分けをする

これらの事例のほか、朝昼用と夜用の総合感冒薬を間違えて飲まないよう、「朝昼用は白」「夜用は青色」と錠剤に色をつけた例がある。また、トイレ用とそのほか用とを間違えないように、トイレ用のスリッパを赤にした例もある。枚挙にいとまがない。

以上、色分けをする（内容を色で具体的に表現する）ことですぐわかるし、間違いやミスを防ぐこともできる。作業効率もアップする。

何事であれ、**わかりにくい、間違えやすい、効率が悪いと思ったら色分けをする。**色分けの効果は抜群である。

対処法

抽 **材料を間違って投入しないよう、材料を入れている缶に材料名を明記する**

具 **感覚的にすぐわかるよう、材料を入れている缶を色分けする**

お婆ちゃんでもデジタル機器が使える方法

問題

老人など、機械に弱い人でも家電製品が扱えるようにするにはどうすればよいか。

テレビのリモコンの操作が苦手なお婆ちゃんがいる。ボタンやスイッチが多く、操作の仕方を教えてもらってもなかなか覚えられない。

そこで、赤丸シールの登場である。つまり、直径が15ミリ程度の赤いカラーシールである。色は青でも緑でもよいが、赤は目立つのでわかりやすい。

基本的な操作ができるよう、赤丸シールに「1」「2」「3」とマジックで番号を書き込み、それを操作順にボタンやスイッチのすぐそばに貼ってあげる。

するとと、赤丸シールは目立つし番号もあるので、どのボタンをどの順に押せばよいかがすぐわかる。これでメカに弱いお婆ちゃんでも、2歳の幼児でも操作できるようになる。番号付きの赤丸シールを貼っただけなのに効果絶大。お試しあれ。

テレビのほかエアコンなどの各種リモコン、CDコンポ、コピー機などの家電製品・デジタル機器に応用できる。15ミリで大きいなら8〜10ミリ程度のものもある。

わたしは大小さまざまなカラーシールを用意し、必要に応じて活用している。たとえば、日常よく使うファイルの背に赤丸や黄丸のシールを貼っている。

また、パソコンの保存キー（Ctrl キー＋Sキー）にも貼っている。パソコンがフリーズした経験が何度もあり、いつでもすぐに保存操作ができるよう目立たせている。

赤丸シールの応用として星印がある。パソコン内に保存している文書やデータのうち、日常よく使うフォルダやファイルにも赤丸シールを貼りたい。しかし、それができないので、名称のトップに★を付けてすぐ見つかるようにしている。

対処法

抽 リモコンのボタン類が多く操作がわからない

◀

具 誰でもすぐわかるよう、番号付きの赤丸シールを貼る

間違えないためのちょっとの工夫

問題

似通った傘が数多く置かれている。自分の傘をすぐ見つけるにはどうすればよいか。

公共施設や映画館など、人が多く集まる所へ雨の日に行くとき、帰りに自分の傘がなかなか見つからないことがよくある。特に、ビニール傘は似たような傘が多い。

そこで、わたしは目印として、**カラーの輪ゴムを傘の取っ手に巻きつけている**。こうしておくとすぐに見つけることができるし、間違えることもない。

同様の工夫をしている人がいる。通夜のとき、あるいは飲み屋で座敷に上がるときなど入り口で靴を脱ぐが、似たような靴が多く脱がれている。

そこで、帰りに間違えないよう**自分の靴にティッシュを入れる**ようにしている。なるほど、これなら酔っていても靴を間違えることがない。

このような工夫は今に始まったことではない。昔からある。秀吉の軍師の竹中半兵衛のこと。あるとき彼は、他の同輩とともに重臣から招かれご馳走になった。

酒宴が盛り上がっているときに強い地震が起こった。みんな「すわっ！」と、刀を置いている別室へ飛び込み自分の刀を探した。ところが、どれもよく似ていて、しかも焦っていてどれが誰の刀だかすぐにわからない。

しかし半兵衛だけは、みんなとは**逆の方向に刀を置いていた**。おかげで自分の刀がすぐにわかり、自宅へと急いで帰り火災に備えることができた。さすが軍師である。いざというときのために普段からちゃんと備えている。

すぐに間違いなく自分のものがわかるよう、目印をつけたり置き方を変えたりする。ちょっとの工夫だが、行動を迅速かつ確実に行うことができる。

対処法

抽 なんとなく場所を覚えておくが、忘れてわからなくなる

◀

具 目印として、カラーの輪ゴムを傘の取っ手に巻きつけておく

誰でもわかるよう置き場に写真を貼る

問題

不慣れなパート店員でも、商品の補充ができるようにするにはどうすればよいか。

あるホームセンターのこと。商品を補充するとき、それまでは棚札の商品名と照らし合わせていた。ところが、不慣れなパート店員だと間違うことがあった。

そこで、陳列棚の底に、その**商品の写真を貼る**ようにした。これだと具体的で写真を見ればすぐわかる。誰でも、確実かつ迅速に商品を補充できるようになった。

この方法は応用が利く。たとえば、倉庫などに保管している機器や備品が元の場所に戻されるよう、その置き場に機器や備品の写真を貼るか、その形を床に書くとよい。

実際ある会社では、実験用などの機器類がちゃんと元の位置に戻されるよう、機器の写真をそれぞれの機器置き場に貼っている。写真を見れば置き場がすぐわかるので、戻し間違うことがない。

さらにいいのは、どの機器が使用中かがすぐわかることだ。誰がいつまで使うのかがわかるよう、記入用紙を用意している会社もある。パソコンのデータベースで管理すれば、倉庫や置き場に行かなくても使用中かどうかがわかる。

話は変わって、あるメーカーのこと。ゴミの分別が問題になっていた。各ゴミ箱に「可燃ゴミ」「不燃ゴミ」「資源ゴミ」などと書いて貼っているが、社員はちゃんと分別してゴミを捨ててくれない。何が資源ゴミなのかよくわからない人も多い。

そこで、それぞれのゴミ箱の上方の壁にゴミの**見本を貼りつけた**。見本が貼れない場合は写真に撮って貼った。すると視覚効果は抜群。どのゴミをどのゴミ箱に入れればよいかが一目瞭然となり、ちゃんと分別されるようになった。

対処法

抽　商品を補充するとき、棚札の商品名と照らし合わせる。不慣れだと間違う

具　誰でもすぐわかるよう、陳列棚の底にその商品の写真を貼る

ひと目でパッとわかるよう視覚化する

■グラフにすると変化がすぐわかる

問題

減量をするのは容易ではない。ポイントは続けること。どうすればよいか。

30歳を過ぎる頃から、腹の部分にぜい肉が付いてくる。減量をしようと、ウォーキングやジョギング、あるいはダイエットなどを試みるが、三日坊主となることが多い。続けるためにどうすればよいか。

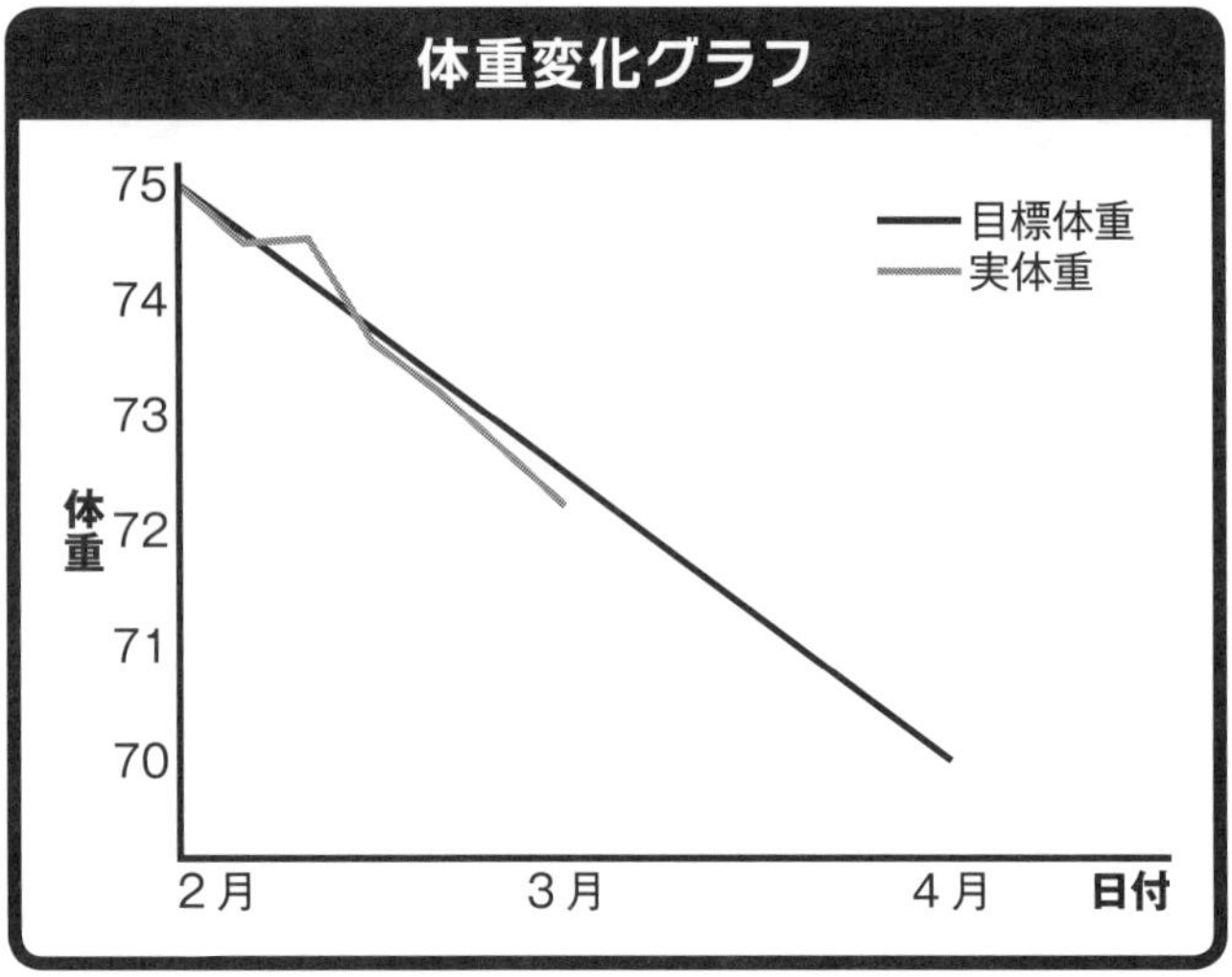

まず、「3ヶ月後の○月○日までに体重を5キロ落とす」と**目標を具体的に定める。**

続いて、たとえば「間食をやめるともに、毎日30分ジョギングを行う」というように、目標を達成する**方法も具体的に決める。**

その上で、図のような「体重変化グラフ」を毎日付ける。はじめに目標線を引き、それに実際の体重変化を記していく。

こうして**グラフで視覚化すると、体重の具体的な変化や成果が一目瞭然となる。**対応がすぐとれるし、減量を続ける励みにもなる。

目標線よりも体重が増えてくると、「これではいかん。ちょっとくらいと思って食べていた間食を完全にやめよう」となる。一方、目標線よりも体重が減ってくると、「よしっ、これからも続けるぞ」と勢いづく。

実際、わたしはこのグラフのおかげで体重を6キロ減らすことができた。20年間できなかったことが、グラフを作ることでわずか3ヶ月で達成できた。はじめの2週間が勝負で、そこを乗り切るとその後は軌道に乗る。

対処法

抽	減量のために何かを始めても、三日坊主となることが多い
具	目標や方法を具体的に決めるとともに、経過をグラフ化する

■見てすぐわかるよう一覧化する

問題

16冊の共有ファイルがある。使ったあとちゃんと戻してもらうにはどうすればよいか。

書棚に、営業課の全員がよく使う20冊の顧客ファイルがある。使ったあと、空いている所に適当に戻す人がいて、必要なファイルがどこにあるかすぐにわからない。どれが抜けているかもわかりにくい。

背に通し番号を記したが、ほとんど効果がない。

そこで、左の図のようにファイルを順番に並べ、**背に目立つ太いカラーの線を斜めに引く**。各ファイルの場所がひと目でパッとわかり、必要なファイルをすぐ出し入れできる。また、元の場所に戻っていないことがすぐわかるので、ちゃんと戻すようになる。

今度は物品課の話。各部署から納品日の確認などの問い合わせが多く、その処理に困っていた。そこで、**問い合わせ事項について一覧表を作った**。表の項目は、「日時」「問い合

ファイルの背に線を引く

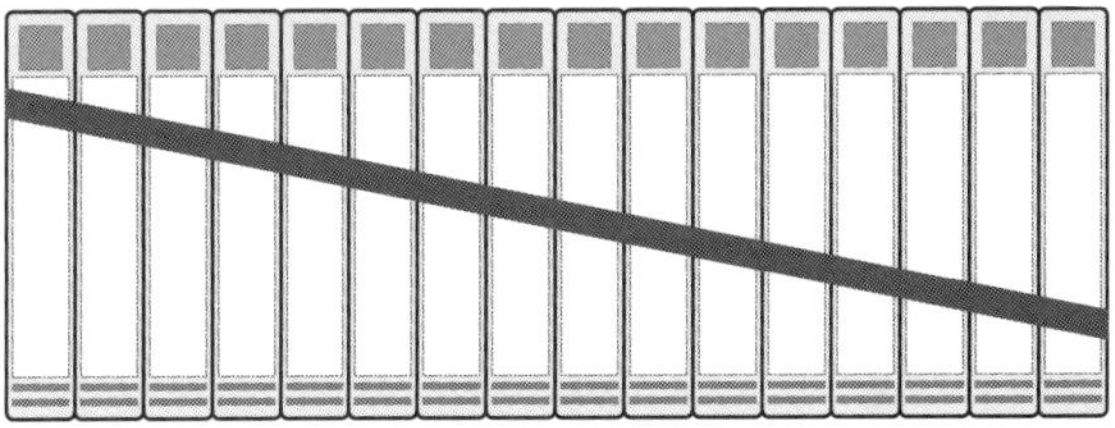

年間予定一覧表

	4月	5月	6月	7月	8月	9月	10月	11月	12月	1月	2月	3月
1												
2												
3												
4												
5												
6												
7												
8												
9												
10												
11												
12												
13												
14												
27												
28												
29												
30												
31												

わせ者の所属、氏名」「問い合わせ事項」「処理の仕方」である。

一覧表を作ることで、問い合わせの実体が一目瞭然となった。「誰が」「いつ」「どんなこと」を問い合わせるかが具体的にわかり、的確な対応が取れるようになった。

一覧表といえば、わたしは1年間の予定がひと目でわかるよう、1年分の予定が書き込める**「年間予定一覧表」**（P１４３）を活用している。横が月（４月から３月）、縦が日（1日から31日）となっている。

一覧できるので、研修や講演の予定がすぐわかる。おかげで約30年間、一度も予定破りもダブルブッキングもない。年度毎の比較や過去の実施事項の確認も簡単にできる。大変重宝している。

対処法

抽（×） **背に通し番号を記す**

具 **ファイルを順番に並べ、背に目立つ太いカラーの線を斜めに引く**

■すぐイメージできるよう写真・イラストを活用する

問題
新聞に広告を出したがあまり効果がない。どうすればよいか。

わたしが独立してすぐの頃のこと。創造性開発セミナー『無限』という通信講座をスタートさせた。ポイントは、どうやって受講者を集めるかである。

わたしは当時、ある産業新聞を購読していた。その新聞に『情報プラザ』というコーナーがあった。このコーナーの会員になると、一コマ（14字×30行のスペース）をPRに使うことができる。会費、つまり広告料は一般の広告欄に比べ格段に安い。

さっそく会員になり『無限』をPRした。ところが、期待したほど反応がない。

そこで、その情報プラザに出している広告を一つひとつ調べてみた。すると、写真入りでPRしている会社があった。「これは目立つ。ならば、うちはイラストで行こう」ということになった。

図のように、（若い頃のわたしにちょっと似ている？）イラストを知人に描いてもらった。このイラストは目立つだけでなく、どんな広告であるかが具体的にすぐイメージできる。イラスト分だけ文章が減ったが、その効果は抜群だった。申込件数がなんと10倍以上になった。イラストによる視覚効果は絶大だ。

以上見てきたように、「全体の様子や推移を知る」「仕事や作業がスムーズに行く」「考えや気持ちを迅速・正確、かつ効果的に伝える」には、グラフ、表、図、イラスト、写真、見本、色、目印……などで具体的に表わす。つまり、**視覚化やビジュアル化をする**。そうして、**見てすぐ（直感的に）わかるようにする**。

対処法

~~抽~~ 考えや気持ちを伝えるために言葉や文字を使う

◀

具 図、イラスト、表、グラフ、写真、見本、色、目印などで視覚化する

第6章

成果を生み出す具体力

コンセプトを具体的に絞るとうまくいく

■コンセプト（狙い、対象者）を具体的に絞る

北海道の旭川市にある旭山動物園のこと。１９９６年の年間入園者数は過去最低の26万人だった。それが、10年後には10倍以上の３０４万人を記録した。

これだけ入園者数を増やすことができたのは、**コンセプト（狙い）を具体的に絞ったた**からである。

旭山動物園では、ただ動物を見せるのではなく、「それぞれの動物が持つ本来の姿を伝える展示」を目指している。これが動物園運営のコンセプトになっている。旭山動物園では、このコンセプトをもとに「行動展示」などの工夫をしている。

たとえば、「円柱水槽の中をゆったりと交差する2頭のアザラシ」「お客をめがけて水に飛び込み、泳ぐ姿も見ることができるホッキョクグマ」「空中をゆうゆうと綱渡りするオランウータン」など、動物が本来持っている野生の能力や魅力をあますところなく引き出している。そして、こうした工夫がお客さんを引きつけている。

一方、ある老舗旅館のこと。経営があやしくなってきた。このとき救ってくれたのが明確なコンセプトであった。

「みんなが来てくれる旅館」といったボンヤリしたものではなく、「熟年女性がマルチに楽しめる旅館」と対象者と狙いを具体的に絞った。

熟年の女性が「夫婦で使う」「孫と来る」「同窓会を開く」「友達と来る」……というように、さまざまな用途に使える旅館を目指したのだ。

コンセプトが明確であるので、たとえば料理人は「母の好きなホイル焼きの魚料理を出そう」、部屋係は「部屋に季節の花を飾ろう」というようにそれぞれが工夫するようになり、見事に栄える旅館へと変貌したのだ。

話は変わって、家のリフォーム会社のこと。新聞に折り込みチラシを入れたいが、どんな見出しにすれば注文につながるか。よく見られるように、「家のリフォームを請け負います」といった紋切り型の表現ではあまり反応がない。

的を具体的に絞った表現をする必要がある。つまり、**コンセプト（対象者、狙い）を具体的に絞り込む**。

たとえば、「お子さまの勉強部屋をお考えの方へ」とか、「台所を使いやすく改修しませんか」などと具体的に表現する。こうすることで宣伝効果は5倍、ときには10倍に跳ね上がる。

■狙いや対象者がぼやけているとうまくいかない

保険のセールスのこと。ただ「保険の紹介をお願いします」と頼んでも、なかなか紹介してもらえない。

そこで、たとえば「節税に関心のある方はおられないですか」と、狙いや対象者を具体的に絞る。すると「そう言えばKさんがいる」となる。

ある電子機器のこと。みんなに買ってもらおうと、性能を高め使いやすくした。しかし、さっぱり売れなかった。

一方、性能や使いやすさはそこそこであったが、若い女性に的を絞り、機器の色をピンクにしたところ大いに売れたという。

ある経営団体の講演会のこと。はじめは販売に絞ったテーマで講演会を開いた。さらに多くの聴衆を集めようと、ビジネス全体にテーマを広げ講演会を開いた。ところが、参加者は逆に減ってしまった。的を広げることで、関心度が逆に落ちてしまったのだ。このようなことはよくある。留意する必要がある。

歌の作詞をする場合も同様で、百万人のために作った歌がヒットした試しがない。

逆に、たった一人（たとえば大事な恋人、大切なお婆ちゃん）のために作った歌がヒットする。たとえば、植村花菜さんの「トイレの神様」など。恋人やお婆ちゃんを想う気持ちに普遍性があるからだ。

■お客さんの声をもとにコンセプトを具体的に絞り込む

以上見てきたように、**的あるいはコンセプト（狙い、対象者）を具体的に絞る**ことは、会社や組織の経営・運営、あるいは新商品企画、販売促進の基本中の基本である。狙いや対象者がぼやけていると失敗する。

では、コンセプトを具体的に絞り込むにはどうするか。最も大事なのがお客さんの声である。**お客さんの声をもとにコンセプトを具体的に絞り込む**。

たとえば新機能シャツを開発する場合、「汗をびっしょりかいたとき、シャツが肌にベッタリつくのがイヤ。何とかして」というお客さんの声をもとに、「汗をびっしょりかいても肌にくっつかないシャツの開発」とコンセプトを具体的に絞り込む。

実際、このコンセプトをもとにアイデアを考え試作品を作ったところ、大量の予約注文が舞い込み、国内生産では追いつかず海外生産に至った事例がある。

スケジュールを具体的に立てると大幅効率アップ

■毎週のスケジュールを具体的に立てると残業を大幅に削減できる

ある食品メーカーの営業マンのこと。営業から帰り事務処理などをやっていると、毎日の残業が３～４時間に達する。

そこで、帰社の時間をちゃんと決めるとともに、毎週のスケジュールを具体的に立てるようにした。結果、**残業を1日に2時間、月に約40時間も削減できた**。

彼によると、「毎週のスケジュールを具体的に決めると、それを実行しようとしてムダを省くようになった」とのことである。具体的にスケジュールを立てるのは、仕事の効率アップの基本である。

■時間管理により納期厳守だけでなく論文を読む時間もできた

ある研究員のこと。主な仕事は実験、評価依頼、他社特許対応である。あれこれと忙しく後手後手に回っている。特に、特許対応が遅れている。

そこで、スケジュール表に納期を目立つように記し、逆算してスケジュールを立てるようにした。納期のない仕事は自分なりに納期を決めた。また、週報を書くと同時に次週やる予定を立てたようにした。

こうして具体的なスケジュールを立てることで、アシスタントへ的確に仕事を依頼できるようにもなった。結果、特許対応が納期に確実に間に合うようになった。他の仕事も効率的にできるようになり、論文や専門書を読む時間ができた。「仕事にやり甲斐を感じるようになった」とのことである。

■スケジュールを具体的に立てると大幅に効率アップできる

ある製品の梱包担当者のこと。製品を出荷するための梱包作業が、1日に4〜5回ある。作業は、工場から倉庫へ製品の運搬、仕分け、割り振り、梱包など多岐に渡っている。作業時間は1回当たり約1時間、1日の合計だと4~5時間にも達する。

彼女は作業時間を短縮すべく、一連の作業の具体的なスケジュールを立てた。それを営業と生産現場にあらかじめ提示し、そのスケジュールに沿ってまとめて出荷するようにした。また、工場で大まかな仕分けをしたり抱き合わせ出荷も行った。

結果、梱包作業を1日平均で約1・5回(従来の約1/3)に減らすことができた。梱包回数が減った分、1回当たりの時間は増えたが、トータルで**1日に約2時間30分の大幅な時間短縮ができた**。

担当者によれば、「営業と生産現場とのコミュニケーションをしっかりとり、スケジュールを具体的に立ててやったのが功を奏した」とのこと。スケジュールを具体的に立ててやれば業務を大幅に効率アップできるのである。

■朝の10分・帰りの10分に仕事の段取りをする

仕事を効率アップするために、始業前の10分、または退社時の10分を活用するとよい。つまり、「朝の10分・帰りの10分」を仕事の予定や準備に使うことで、段取りがよくなるとともに効率意識が高まり、**残業を1日に約1時間減らすことができる**。

次の4つのケースが示す通り、デキル人の多くが、「朝の10分・帰りの10分」を有効に使っている。朝または帰りのいずれかの10分でもよい。活用したい。

①前日の帰りがけの10分で、準備が必要なことはやっておく。翌朝10分早く出社しその日のスケジュールを立てる。終わった業務は終了ごとに赤ペンで消していく。こうすることで、残業を1日に1時間程度抑えることができた。

②帰る前の10分で、明日の試験の計画を立て準備をする。翌朝10分早く来て、装置を起動させる。このようなことから始めることで**意識がだんだん広がり**、月に25時間程度残業が減った。

③朝10分早く出社し、その日の仕事の割り振りをする。優先順位をつけ、定めた時間に終わるようにスケジュールを立てる。そうすることで、**先を見ながら仕事をする**クセがつき、月に20時間程度残業が減った。

④朝一番に、その日の具体的な予定を立てるようにした。そのことで、仕事に集中・弛緩のメリハリがついた。また、仕事の進め方を分析し、**先のことを考え仕事をする**ようになった。結果、1日に1時間以上残業が減った。

以上の事例のように、スケジュールを具体的に立てることで効率よく仕事をすることができる。残業を減らせるし、できた時間でこれからのことやクリエイティブなことに取り組むことができる。

ちなみに、第一線で活躍するビジネスパーソンの多くは、月に40～60時間（毎日2～3時間）残業をしている。仕事の段取りが悪くて残業をしていることが多い。ぜひ、具体的なスケジュールを立てることをお勧めする。

現場に出向きお客さんの生の声を聞く

■大ヒット商品が生まれるための一番の基本

ベーゴマの現代版である『ベイブレード』は、玩具メーカー・タカラトミーの大ヒット商品である。企画開発を担当したのが、最年少で取締役になったM氏。

新商品を企画開発する場合、それまで蓄積した知識に頼ったり、データやアンケートを取るなどして市場調査を行うのが一般的なやり方である。ところが彼は、**お客さんのいる現場に出向き生の声を拾った**。

彼はお客さんの生の声を聞くために、約2年間にわたり毎週日曜日、西葛西（東京都江戸川区）の小さな玩具店のレジに立った。

わたしはこの玩具店に行ったことがあるが、狭い店内にびっしりと玩具が並んでいる。そこで彼は、子どもたち（特に小学校高学年の男の子）と仲良しになり、いっしょに遊ぶようになった。

ある日のこと。子どもたちとベーゴマで遊んでいると、ある子が「パワーアップしたらもっと面白いのに……」と、いかにもゲーム世代の子どもらしいことを言った。

彼は、その声を聞き逃さなかった、彼はその声（具体的な要望）をヒントに、パワーアップするベーゴマ、つまり『ベイブレード』を生み出した。

富士フイルムの『写るんです』も、開発者が店頭でふと耳にした「子どもでも写せるカメラがあったらいいのに……」というお客さんの声をヒントに生まれた。

企画や開発を担当する者は、机に座ってパソコンばかり眺めていないで、あるいは会議にムダな時間を費やしていないで、まずは現場へ足を運び、お客さんの生の声や具体的な要望を聞く必要がある。一番の基本である。

■企画部に移ったとたん企画のアイデアが出なくなった

ある美容品関係のベテラン営業マンのこと。顧客先をあちこち回り、現場の情報やお客さんの生の声に接することにより、新商品や新サービスのアイデアがあれこれ出てきた。それらを随時、企画書にまとめ会社に提出した。そのことが認められ、彼は企画部に引き抜かれた。

ところが、企画部に移ったとたんアイデアが出なくなった。現場を離れお客さんに会う機会がなくなり、実際の状況や具体的な生の声が聞けなくなったからである。

一般的な情報やパソコンのデータだけを眺めていても、何もアイデアは出てこない。やはり、具体的な情報や生の声に実際に触れる必要がある。**価値あるヒントは、現場のちょっとした変化、あるいはお客さんがふと漏らすつぶやきにこそ存在する。**

こうして見ると、新商品の企画・開発の精鋭部隊を営業部や現場に置くとよい。あるいは、企画と営業を兼務する部員を置くとよい。

■受講者が何に関心を持っているかがわかる受講ノート

わたしは、研修をより実りのあるものにするために、受講者がどんなことに関心を持っているかをときどき調べている。直接聞くこともあるが、ゆっくり聞く機会が少なく、どうしても表面的なものになってしまう。

そこで、折にふれ受講者がとったノートをコピーさせてもらっている。コピーと言っても、デジカメでパチリパチリと撮るので、それほど手間がかからない。

受講者がノートにとった項目や内容、あるいは枠や赤ペンで強調したところなどを見ていると、受講者がどんなことに関心を持ったかが非常に具体的にわかる。

また、聴講時の気持ちが直接ノートに記されているので、聞いたりアンケートを取ったりするより、はるかに本音に迫ることができる。受講ノートこそ現場である。

こちらが「これこそ大事！」と声を大にして言ったことより、ついでにちょっと触れたことに関心を示していたり、思わぬ発見をすることがしばしばある。

体験こそ生きた知識となる

■体験したことのある知識の方がはるかに役立つ

われわれは、知識があってはじめて考えたりアイデアを出したりできる。では、あなたはどうやって知識を得ているか。

多くの人は、知識をインターネットや本などで得ているのではないか。しかし、そうして得た知識より、体験をもとに得た知識の方がはるかに役立つ。

たとえばデジカメを販売する場合、カタログ的な知識しかないと、「このデジカメは7倍ズーム付きです」というように一般的な説明で終わる。これでは「だからどうした」となり、売上には結びつかない。

一方、デジカメを実際に使った体験があると、たとえば親子連れには「7倍ズームだと、遠くのお子さんもアップではっきり撮れます」と具体的なセールストークを用意でき、売上につなげることができる。

したがって、ただ資料やネットで知識を身につけるより、**一度でいいから実際に体験してみる**。触れてみる。動かしてみる。そうすることで、真に役立つ知識を身につけることができる。

■体験をベースにした知識はさまざまな効果がある

ネットや本で得た知識はあまり役に立たないが、体験をベースにした知識はさまざまなことに役立つ。以下に、その効果をまとめてみた。

①イチゴの味は食べてみて初めてわかる。虫歯の痛さは虫歯になってしみじみわかる。このように、自ら体験したことだけが**真にわかる**。肌で感じ本当の知識になる。

②実際に富士山に登った場合と、本で富士山の知識を得た場合とでは、得られる知識は体験した方が圧倒的に**豊富で具体的である**。天候一つとっても、「山頂では真夏でも

5度、風速20m……」と、さまざまな具体的な知識が得られる。

③経営評論家の知識をもとにした話より、経営者の体験をもとにした話の方がはるかに**説得力がある**。われわれが知りたいのは一般論や抽象論ではない。具体的な事実である。話に説得力を持たせるには体験を語るのが一番である。

④お年寄りに親切にして感謝された体験は、お客さんに接するときにも活きてくる。お年寄りに接するようにお客さんに親切に接することで、リピートにつながる。つまり、一つの体験はあれこれ**応用できる**。

⑤インドに行くという体験を一度すると、それからはインドに自然と関心を持つようになる。結果、インドに関する知識が次第に増える。体験したことが多いほど知識は**累積的に増える**。

⑥単なる知識をベースにしたアイデアであると、実行するとき「これでいいのかなあ」という不安が生じ思い切って行動できない。一方、体験をベースにしたアイデアであると、自信を持って**思い切ってやれる**。その結果、うまくいく。

⑦健康のため、毎朝通勤のとき40分歩くようにした。歩くようになって、徒歩で30分程度の距離なら、それまでのように電車や車を使うことがなくなった。体験することで、

マンネリ化した**習慣や常識を破る**ことができる。

■多くの体験をするための心がけ

以上のように、体験には多くの効果がある。では、多くの体験をするにはどのようなことを心がければよいか。以下に述べる通りである。

①できるだけタイプの異なる仕事をあれこれ体験する。研究開発もすれば、企画や営業も行う。総務や経理の仕事もやってみる。わたしはいずれも体験してきたが、どれも面白い。そして、血肉になっている。

②人から誘われたら、基本的に断らないようにする。たとえば、コンサート、落語、スポーツ観戦、コスプレのパーティー、街歩き、工場見学、旅行、各種イベント……などである。自分の発想では体験できないことを体験できる。

③社内・社外のネットワークを作り、多種多彩な人に出会う。わたしは「発想多彩クラブ」という異業種交流会を主宰し、約20年間、500人以上の多彩な人と出会ってきた。そして、会員の生の体験を数多く聞いたり擬似体験したりした。

また、「遊子会」という「歩く、見る、語る、食べる」会もつくり、これまでさまざまな地を訪れ、足で、目で、耳で、口で数多くのことを体験した。

④現在はテレビ、ビデオ、アニメ、インターネット、テレビゲームといったバーチャルの世界が大手をふっている。これでは知識が貧弱になるばかり。ディスプレイを離れ街や野に出て、できるだけ多くの生の体験をする。

なお、わたしはフェイスブックやツイッターをやっているが、マスコミの一般情報に比べ、個人的情報や生の声を聞くことができ、より体験に近い情報や知識を入手することができる。

column

幼少期からの体験がその後の活躍のベースになっている

多くの名曲を遺したモーツアルトは音楽家の家に生まれたが、6才のときから10年におよぶ演奏旅行を体験した。その多感なりし頃のさまざまな具体的な体験が、後になって作曲をするときのベースとなった。

これはエジソンも同じ。彼は10歳のころから自分の実験室を持ち、暇さえあれば化学や電気の実験をしていた。よく失敗をし、生キズが絶えなかったという。そうした多くの実体験が、発明王・エジソンのベースになった。

イチローは3歳から野球の練習を始め、それ以降野球とともに育っていった。石川遼は6歳からゴルフを始め、のめり込んでいった。

いずれも、幼少期（3～10歳）からの濃厚な体験が、その後の活躍のベースになっている。あなたはもう遅いかもしれないが、子どもや孫には……。

行動で具体的に示すことこそ大事である

■具体的な行動、態度、言葉で気持ちを表わす

重い荷物を持って歩く老人がいた。そこに、一人の青年が通りかかった。彼は「持ちましょうか」と気さくに声をかけ、老人の自宅まで荷物を持ってあげた。

老人は、「どうもありがとうございました。とても助かりました」と深々と頭を下げ感謝の言葉を述べた。それを聞いて、青年の顔にとても爽やかな笑顔が浮かんだ。

「困っている人を助けたい」という奉仕の気持ちを、「荷物を持ってあげる」という具体的な行動で示した青年は素晴らしい。とともに、「ありがとう」という感謝の気持ちを、態度と言葉で具体的に表わした老人も素晴らしい。

奉仕の気持ちや感謝の気持ちを持つことは大事だが、重要なことは、それを行動、態度、言葉などで具体的に表わすことである。これができれば、人間関係はスムーズに行く。また、ボランティア活動の一つとして社会参加もできる。

気持ちを具体的に表わせるよう、まずは身近なことから実行したい。たとえば、狭い通路で人とすれ違うとき、相手を先に通すようにしたいし、もし先に通してくれたら「ありがとう」と言ったり、頭を下げたりしたい。

ちなみに、わたしはできるだけ相手を先に通すようにしているが、ときには相手の方が先に「どうぞ」をすることがある。そのときは「参りました」となる。

ところで、信号のない通りでのこと。横断しようとする歩行者を見るや、早々にストップするダンプカーがある。デカイ図体を小さくしながら、歩行者が渡るのをじっと待っている。いいもんだ。そこで一句。

さすがプロお先にどうぞするダンプ　（ひねのり）

ちなみに、この句は毎日新聞「仲畑流万能川柳」の掲載句で、ひねのりはわたしの柳名である。

■いざとなると、奉仕や感謝の気持ちを具体的に表わす

なお、先の「重い荷物……」の話で、東日本大震災のときのACジャパンのコマーシャルを思い出す人がいるかもしれない。しかし、わたしはこのコマーシャルをパクッたのではなく、以前から講演などで話してきたことである。

ところで、東日本大震災と言えば、被災者に対し「自分に何かできないか」と現地で援助活動をしたり、寄付をしたりして具体的な行動を起こした人が少なくない。

また、そのような活動に対し、現地の人が心から感謝の言葉を述べられていた。そして、その言葉に勇気づけられた人も少なくない。

いざとなると、奉仕や感謝の気持ちを行動や言葉で具体的に表わす人が、わが国には少なくない。そのことが証明された。いい国に生まれた。

■言葉で励ますより具体的な行動や態度で示す

さて、私事で恐縮だが、わたしが独立をしたとき、「成功を祈るよ」「まず基本をしっかり固めることだね」などと励ましてくれた人がいる。勇気づけられ、ありがたいと思った。

「独立なんかやめとけ。食っていけなくなるよ。そういう人をたくさん知っているよ」と親切にアドバイスしてくれた人もある。これもありがたい言葉であった。

そうしたこと以上にありがたかったのは、研修や講演の便宜を図ってくれるなど、具体的に動いてくれた人だ。収入に結びつけることができた。

Mさん、Sさん、Tさんなどである。今でも感謝の気持ちを忘れないでいる。彼らに何かあったら、ひと肌脱ぎたいと思っている。

このように、気持ちを言葉で表わすのも大事だが、できれば具体的行動や態度で示すようにしたい。無理をすることはないが、できる範囲で行動で示したい。

第7章

こうやって具体力をつける

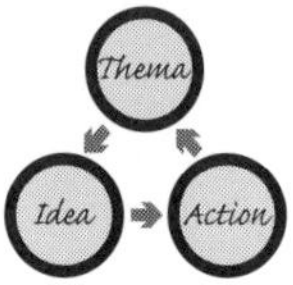

テーマを達成するプロセス

■デキル人は目標も手段も具体的である

「はじめに」のところでも述べたが、普通の人は「がんばって売上を増やす」と、抽象的・観念的な言い方をする。目標も手段もハッキリしない。

ところが、デキル人は「この広告ツールを使い、売上を20％増やす」と、目標も手段も具体的に示す。だから、実際に行動でき目標を達成できる。

われわれもデキル人になりたい。目標も手段も具体的に示し、実際に行動し目標を達成したい。

そこでここでは、テーマ（目標、問題）を具体的に立て、具体的にアイデア（手段、方法）を考え、具体的にアクション（表現、行動）を起こし、テーマを達成する（思いを具体化する）プロセスを紹介する。

■具体的に、テーマを立てアイデアを考えアクションを起こす

たとえば、デジカメの売上を増やしたいとする。このとき、まず「○月○日までに、デジカメの売上を20％増やす」と期限や目標値を明確にし、具体的にテーマを立てる（設定する）。

続いて、テーマを達成するためのアイデアを具体的に考える。たとえば、「デジカメの使い方教室を開く」などのアイデアを出す。このとき、後述の「T発想法」を使うと簡単にアイデアが出る。

あれこれアイデアを出したら、その中から実行案を選ぶ。このとき、必要に応じて企画・提案書を書き、プレゼンをして上司などの承認を得る。

承認が得られたなら、具体的に計画を立て、アクションを起こす。たとえば、使い方教室の会場を確保したり、開催日時を決めたり、撮る対象（人物、風景、花など）を選んだり、参加者を集めるための折り込みチラシを作ったりする。

そして、いよいよ使い方教室を開き、使い方を教える中からデジカメの販売促進を行い、売上の20％アップにつなげる。

■創進の輪（テーマ↓アイデア↓アクション）

以上の**「テーマ達成のプロセス」**を整理すると、次のようになる。

①**テーマ**…具体的にテーマ（目標、問題）を立てる
②**アイデア**…具体的にアイデア（手段、方法）を考える
③**アクション**…具体的にアクション（表現、行動）を起こす

いずれのプロセスも、「具体的」であることがポイントである。**あくまでも具体的にテーマを設定し、具体的にアイデアを考え、具体的にアクションを起こす**。

こうしてアクションを起こし具体的な結果が出ると、その結果を評価する。良好な結果

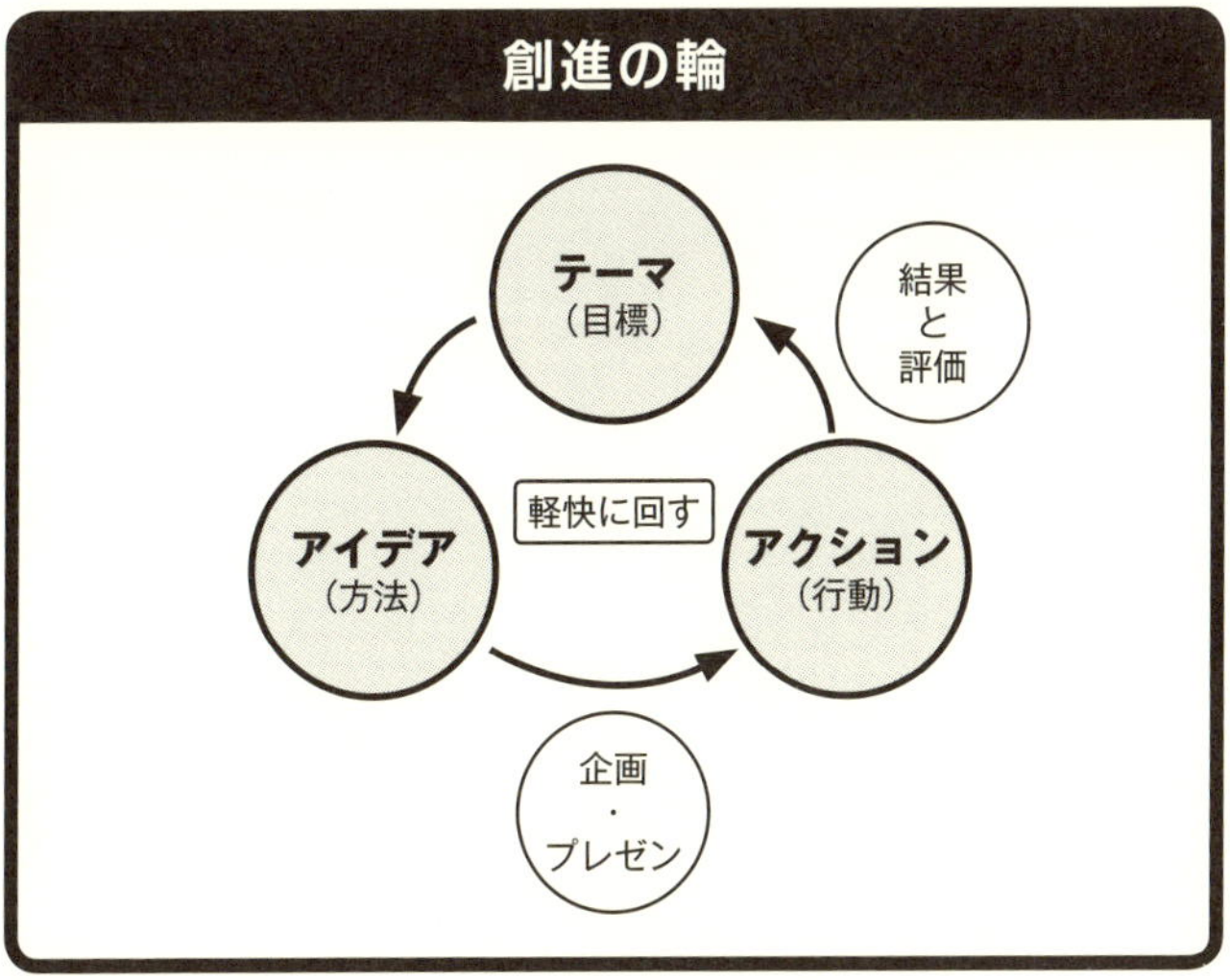

創進の輪

が得られれば、さらに目標値を上げたり、別のテーマに取り組んだりする。良好な結果が得られないときは、その原因を明らかにして改めてテーマに挑戦する。

こうして**「テーマ→アイデア→アクション」**を繰り返す。

この循環をわたしは**「創進の輪」**と呼んでいる。創進とは、「創造的前進」の略である。「よりよくしよう」とテーマを掲げて創造的に前進することである。

創進の輪が軽快に回っているとき、クリエイティブになっているし活性化している。この状態を目指したい。

なお、ここで肝心なことは、小さな前進（たとえば商品を一つ売ること、あるいは机上の資料を整理すること）でいいから、**創進の輪を一度回す**ことである。いったん回り始めると「よし、もっと」と加速がついてくる。

以下、創進のプロセスを具体的に説明する。

良好な成果が得られるテーマの立て方

■「忙しい」「ムリだ」と諦めずテーマを書き出す

テーマ（達成すべき目標、解決すべき問題）があるとき、「面倒だ」「忙しい」「ムリだ」「できない」と、はじめから諦め取り組もうとしないことが多い。

テーマを達成するにあたり、何よりもまず重要なことは、取り組みもしないうちから「忙しい」「ムリだ」と決めつけず、どんな目標や問題でも、テーマとして提起する（取り上げる）こと。つまり、**テーマ（目標、問題）をはっきり書き出す**。すると、目指す所（登るべき山）が明確になり具体的に動き出す。

脳科学者の茂木健一郎さんは、『脳をやる気にさせるたった一つの習慣』（ビジネス社発行）という本で、次のような趣旨のことを述べている。

「夢や目標など自分のやりたいことを書く。すると、やるべきことがはっきりと意識され脳がやる気を起こす。その結果、具体的な方法が見つかり実現できる」

やりたいこと、つまり目標やテーマがあるとき、それをまずはっきりと書き出す。書くと目指す所が明確になり、「よし、やるぞ」と脳がやる気を起こす。その結果、アイデア→アクションとつながりテーマを達成できる。

■対象、対象者、期限、数量を具体的にする。

提起したままのテーマは、抽象的であることが多い。抽象的であると考えにくいし、アイデアも出にくい。具体的に立てる（書く）必要がある。以下に具体例を示す。

事例①「体重を減らす」では抽象的である。そこで、「体重を3ヶ月後までに5キログラム落とす」と、**期限**や**数量**を具体的にする。こうして期限や数量が明確になると目指すものがはっきりし、「よし、やるぞ」とやる気も出てくる。

事例②「コンビニの新商品を企画する」では抽象的で考えにくい。そこで、「老人用コンビニ弁当の企画」と**対象**や**対象者**を具体的にする。すると、「老人は消化機能が低下している」ということをヒントに、「消化のいいものが少しずつ入った弁当」などといったアイデアが自然と出てくる。

事例③「車を売る」では抽象的でわかりにくい、そこで、「車種Aを小中学生のいる家庭に、○月○日までに10台売る」というように、**対象、対象者、期限、数量**を具体的にする。すると、販売ツールやセールストークが考えやすくなる。

以上見てきたように、テーマを具体的に立てるために次の4つのすべて、もしくは一部を具体的にする。

①**対象**（なに）を具体的にする
②**対象者**（だれ）を具体的にする
③**期限**（いつ）を具体的にする
④**数量**（いくら）を具体的にする

■テーマを具体的に書かなければ先に進むな

わが研修の受講者で、高い成果を上げている人のテーマの立て方を調べてみた。すると、90％以上の人がテーマを具体的に立てて（書いて）いた。

たとえば、ある中堅電気メーカーの経営管理室のIさん（29歳）。固定費が経営を圧迫していることから、「固定費を削減する」とテーマを提起した。しかし、このままでは抽象的である。そこで、テーマを提起した背景や状況をもとにテーマを具体的に立て直した。「固定費の中でも、特に清掃委託費用の負担が大きい」ということから、「清掃委託費用を20％以上削減する（期限○月○日）」と、**対象、期限、数量**を具体的にしてテーマを立てた。

そして、「清掃業者を見直す」などのアイデアを出し実行した結果、年間約９００万円（約40％）もの経費の削減に成功した。目標の2倍以上の大成果である。

もし「固定費を削減する」と抽象的なままだったら、的が絞れず考えにくく、良好な成果は得られなかったであろう。「経費節減に努力しよう」といった掛け声倒れに終わったに違いない。

こうしたことからわが研修では、「テーマを具体的に立てる」ことに特に力を入れている。**「テーマを具体的に書かなければ先に進むな」**と強く言っている。

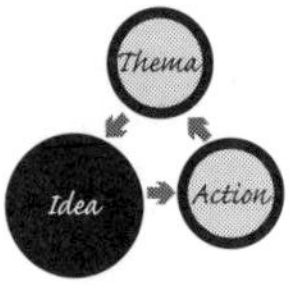

アイデアを出す基本ステップ

■テーマを立て、視点を決め、ヒントを得て、アイデアを出す

達成したいテーマがあるなら、前述のように、テーマを書き出し具体的に立てる。たとえば、「○月○日までに、デジカメの売上を20％増やす」と立てる。

続いて、テーマを達成するためのアイデアを具体的に考える。このとき、腕を組んで考え込んでもアイデアは出ない。汗かオナラしか出てこない。後述のTシートを使い書いて考える。

さて、ニュートンがリンゴが落ちるのをヒントにひらめいたように、**アイデアが出るにはヒントが必要である。**

たとえば、「デジカメが欲しいけど、使い方がよくわからない」というお客さんの声を耳にしたことがあるなら、それをヒントとして書く。

そして、そのヒントを読むと、「デジカメの使い方教室を開く」というアイデアが自然に（割と簡単に）出てくる。アイデアが出てきたらすかさず書く。

ここで重要なことは、**ヒントもアイデアもできるだけ具体的に書く**ことである。ヒントが具体的でない（抽象的である）とイメージが広がらない。つれてアイデアが出てこない。

また、アイデアが具体的でないと行動できない。「デジカメの使い方を教える」より、「デジカメの使い方教室を開く」の方がより具体的で行動に結びつく。

さて、**ヒントが得られるには視点を決めればよい**。ここの例では、お客さんに視点を置いた。そして、その声に着目しヒントにした。

対象であるデジカメに視点を置くと、たとえば接写機能があることに着目し（ヒントにして）、「接写機能なしで撮った小さく見えにくい写真と、接写機能を使ってアップした見えやすい写真を比較してＰＲする」というアイデアが出てくる。

以上、まずテーマを立てる。続いて視点を決め、ヒントを得て、アイデアを出す。

■スパーク発想法（T発想法）

以上をアイデア発想の手順・方法として整理すると、次のようになる。

①**テーマ**…具体的にテーマを立てる
②**視点**…視点を決める。具体的に着目点を決める
③**ヒント**…具体的にヒントを書く
④**アイデア**…アイデアが出る。具体的に書く

いずれのステップも具体的であることがポイント。あくまでも具体的にテーマを設定し、具体的に着目点を決め、具体的にヒントを書き、具体的にアイデアを考え書く。テーマやヒントが具体的であれば、イメージが広がりアイデアが出やすくなる。

この「①テーマ→②視点→③ヒント→④アイデア」というアイデア発想の手順・方法を、

スパーク発想法 視点一覧表

視点	着目点・ヒント
①状況	テーマに関する状況や対象などをあげる
②ヒト	相手、お客さん、自分など人に目を向ける
③理想	実現可能性を無視し、理想の状態を考える
④変換	同種、異種、手本の3つに変換して考える
⑤客観	第三者の意見、先人の達見、自分の知見に学ぶ
⑥他力	人の協力を得たり、人に任せたりする

わたしは**「スパーク発想法」**と名づけた。

スパーク発想法には、一覧表に示すように六つの視点がある。視点そして着目点をさまざま変えて発想することで、多様なアイデアが得られる。詳しくは、拙著『1枚のシートでサッとアイデアが出る!技術』(すばる舎)をどうぞ。

六つの視点のうち、「①状況視点」「②ヒト視点」は基本となる視点で、どんなテーマにも必須の視点である。「状況」や「人の声」をヒントとして具体的に書き出すことで、適切なアイデアが得られる。

この基本となる二つの視点を主に用いて発想する方法を**「T発想法」**と呼ぶ。スパーク発想法を簡易化したものである。T発想法と呼ぶのは、このあと述べるようにTシートを用いて発想するからである。

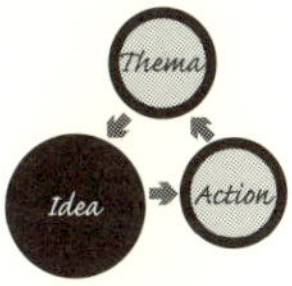

Tシートを使い簡単にアイデアを出す

■ただ腕を組んで考えてもアイデアは出ない

旭書店という町の本屋さんのこと。コンビニや大型書店の進出で、経営が苦しくなる一方である。全国の多くの本屋さんがそうであるように、このまま店を閉じるしかないのか。

ただ腕を組んで唸っていても道は開けない。道を開くための具体的な手段（アイデア）を考える必要がある。そのために役立つのがＴシートである。Ｔシートは、次のようにして簡単に作ることができる。

Ａ４のシートの上端から2センチ程の所に横線を引き、その中央から縦線を引く。つまりＴの字を書く。これでＴシートの出来上がり。

上欄をテーマ、左欄をヒント、右欄をアイデアの欄にする。ヒントとアイデアは箇条書きする。ヒントに対応して、アイデアを書く。

なお、シートの代わりにノートを使ってもよい。ノートなら上部に横線がすでに引かれている。縦線を引く代わりに紙を半分に折り、折れ線を利用してもよい。

■Tシートに、テーマもヒントもアイデアも具体的に書く

さて、旭書店が道を開くためには、まずテーマを「旭書店の売上を20％増やす（期限○月○日）」と具体的に立てる。立てたテーマをTシートのテーマ欄に書く。

続いて視点を決める。どの視点にするかは、テーマによっておのずと決まるが、通常は「①状況視点」「②ヒト視点」と順に進めていく。

どんなテーマも、最初にまず「状況視点」で考える。今の状況を正確かつ具体的に把握することが、その後の発想をスムーズに進め、かつ適切なアイデアを出すために欠かせないからである。

視点を決めたら、続いて着目点を具体的に決め、ヒントを正確かつ具体的にヒント欄に書く。

Tシート

テーマ	
ヒント	アイデア

たとえば「店の立地・場所」に着目したら、その状況を具体的な図も入れ、箇条書きで正確かつ具体的に書く。それがヒントになる。詳しくは、次ページのTシート（記入例）参照のこと。

なお、「状況視点」の着目点（ヒント）には、「店の立地・場所」のほか、「接客の仕方」「店内のレイアウト」「品揃え」「種類別の売上」「来客数の推移」「ライバル店の販売方法」……などがある。テーマによりおのずと決まる。

ヒント（状況やヒトの声）は、わかりきっていることでも、当たり前のことでも、テーマの達成に必要と思われることは、ヒント欄にすべて書き出す。重要なヒントになること

Tシート（記入例）

テーマ

旭書店の売り上げを 20％増やす（期限○月○日）

ヒント（状況・声）	アイデア
◎店の立地・場所 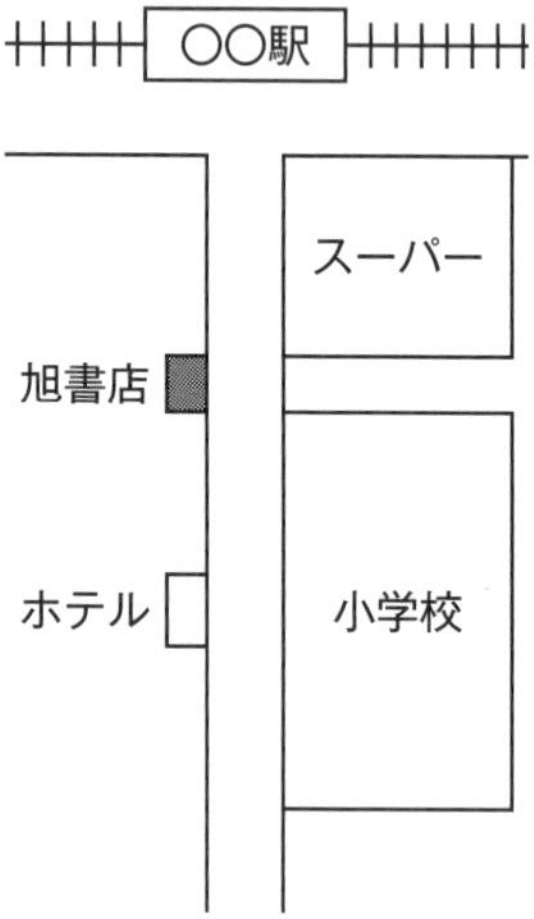	○スーパーの買い物のついでに寄ってきただけるよう家事や料理の本を充実させる ○小学校の生徒全員に推薦図書一覧表と申込書を配布する ○ホテルの宿泊客のために、観光ガイドブック、週刊誌、暇つぶしの本（クイズ本など）を置く
◎お客さんの声 ○出勤のとき、新聞や週刊誌をスピーディーに買いたい	○店の前にワゴンを出し、新聞や週刊誌を手早く販売する

が多い。

ヒントを読み、出てきたアイデアをアイデア欄にすべて書き出す。どんなアイデアも「よくない」「平凡だ」「バカげている」と決めつけず、そのまますべて書き出す。アイデアの段階で良し悪しは決められないからだ。

また、実際に行動できるよう、アイデアをできるだけ具体的に書く。たとえば「ホテルの宿泊客のための本を置く」ではなく、「ホテルの宿泊客のために、観光ガイドブック、週刊誌、暇つぶしの本（クイズ本など）を置く」というようにできるだけ具体的に書く。

■ヒントおよびアイデアを具体的に書く4ヶ条

これまで述べてきたように、優れたアイデアや成果を得るには、まずテーマを具体的に書く。とともに、ヒント（状況や人の声など）およびアイデアを具体的に書く。

テーマを具体的に立てる（書く）ポイントについては先に述べたので、ここではヒントおよびアイデアを具体的に書くときのポイントについて述べる。

ヒントおよびアイデアを具体的に書くには、何よりもまず現場や現状を知ることが重要である。机にむかってパソコンばかり眺めていないで、状況やお客さんの声をつかみに実際に現場に行く。そして、調べる（見る、聞く、試す）。このとき、図なども入れ具体的にメモする。必要に応じてデジカメ等に記録する。

この基本を踏まえたうえで、ヒントおよびアイデアを具体的に書くには、次の4ヶ条に留意する。

①具体的**事例**をあげる。ただ「花を植える」ではなく、「菊を植える」と書く。
②具体的**手段**を書く。ただ「穴を掘る」ではなく、「スコップで穴を掘る」と書く。
③具体的**数字**を入れる。ただ「ビラを配る」ではなく、「ビラを二千枚配る」と書く。
④図やイラストで**視覚化**する。文字や言葉だけでなく、図、イラスト、グラフ、写真等で視覚化する。

以上、ヒントを具体的に書くことでわかりやすくなる。イメージが広がり、アイデアが

具体的に書く4ヶ条

1. 具体的**事例**をあげる
2. 具体的**手段**を書く
3. 具体的**数字**を入れる
4. 図やイラストで**視覚化**する

出やすくなる。

アイデアを具体的に書くことで、書いたアイデアをヒントにさらにアイデアが出てくる。また、提案するときに説得力が増すし、実行もしやすくなる。

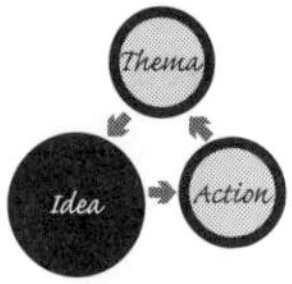

状況を具体的に書くと優れたアイデアが出る

■先入観にとらわれず、今の自分の状況を具体的に把握する

わが国でコンビニがスタートしたころのこと。洗剤を販売するにあたり、そのころはスーパーで大箱の洗剤がよく売れていたので、それに従い大箱の洗剤を多く、小箱の洗剤を少なく仕入れて並べた。ところが、売上が芳しくない。

そこで実情を知るべく、洗剤の売れ行きを個別に毎日調べてみた。すると、小箱の洗剤は並べた数が少ないにもかかわらず、大箱の洗剤より売れ行きがいいことがわかった。そこで、仕入れの比率を逆転させたところ、洗剤の売上高が大きく伸びた。

スーパーでは、主婦が家族の洗濯用に大箱の洗剤を買うことが多い。ところが、コンビニでは単身者の利用が多いために、小箱の洗剤の方がよく売れたのだ。

以上のように、前例や他例、あるいは先入観や固定観念にとらわれず、今の自分の状況・事実をしかと把握する必要がある。そのためには、以下に述べるように状況や事実を一つひとつ具体的に書き、そして読むとよい。

■状況を一つひとつ具体的に書くことでグッドアイデアが出てくる

あるメーカーの技術リーダー・Uさんのこと。彼のグループには、彼を入れてメンバーが5人いる。会社の方針もあり、彼はメンバー全員の残業時間を約30パーセント減らす（月に190時間から130時間にする）ことにした。

続いて、メンバーの仕事の内容や残業の状況などをTシートのヒント欄に一つひとつ具体的に書いていった。その中に、「急な仕事が飛び込むと、その担当者の負担や残業が急に増える」というのがあった。

そのヒントを読む（そして状況をしかと把握する）ことで、「ならば、各担当にサブ（副担当）を決めておき、その人が手伝うようにする」とアイデアが出てきた。

たとえば、Aさんに急な仕事が飛び込んできた場合、これまではAさん一人で遅くまで残業をしていた。ところが、Bさんを副担当にすることで、BさんがAさんを手伝い効率よく仕事をし、残業を抑えることができるわけだ。

このアイデアを実行したところ、メンバーがお互いに協力しあい、急な仕事にも迅速に対応できるようになった。つれて残業が大幅に減った。また、特定の人への残業の片寄りも大きく改善された。

具体的には、残業時間をメンバー全員で、月に190時間から115時間に短縮できた。一人当たり38時間から23時間、約40％の削減である。大成功だ。

また、「迅速な対応により関係者の信頼を得るようになった」とのこと。さらには、「サブができたことにより各人が孤立することがなくなり、グループ全体のコミュニケーションがよくなり、仕事がよりスムーズに進むようになった」とのこと。

「残業を減らすのは現状ではムリだ」「自分一人だけでなくグループ全体となると、とても減らすことはできない」などと、常識ですぐに諦めてはならない。

まずテーマを書き出し、続いて**ヒント（状況等）を一つひとつ具体的に書くことでグッドアイデアが出てくる**。

■状況を具体的に書き2300万円／年のコストダウンに成功

ある化学製品の生産において、格外品が多く発生する。そこで担当のMさんは、わたしのアイデア発想法実践研修に参加した機会にテーマ化し、発生状況および考えられる原因を図も入れ、ヒント欄に一つひとつ具体的に書いていった。

そして、書いたヒントを読み返していくことで、適切なアイデア（解決策）が出てきた。結果、2300万円／年のコストダウンに成功した。その功績により、彼は工場長賞を受賞した。

彼は、「思いつきではなく、具体的な事実に即して考えを進めることが重要だ」「頭で考えるだけでなく、もっと早く書いて考えればよかった」との感想を寄せてきた。

Mさんは、実に具体的に状況や原因を書いた。それを読み素人のわたしでも、「じゃあ、こうしたら」とアイデアが出てきたくらいである。問題解決とりわけ**技術問題は、状況等を具体的に書くことが非常に重要**である。

一方、生産技術者Kさんのこと。ある素材の生産速度を倍増すべくテーマ化した。現在の生産方法を一つひとつ具体的に書いて見直すことで、新たな速度アップ法を発見した。

結果、4倍にスピードアップできた。

「いつもやっているので、それが当たり前だと思っていた生産方法を一つひとつ見直すことで、新たな切り口を見い出すことができた」とのこと。**今の状況を一つひとつ具体的に書いて見直す**と、見落としていたアイデアが出てくるのである。

似た事例がある。ある電子技術者のこと。これまでのやり方と状況を一つひとつ具体的に書くことで、思い込みで見逃していたアイデアが出てきた。結果、長い間の懸案事項であった技術問題（ノイズの発生）を解決できた。

■書いてやり方を見直せば大幅にコストダウンする

ある水処理装置のこと。高コストに悩んでいた。そこで、担当者のSさんはこのことをテーマとして取り上げた。そして図も入れ、「どの部分にいくらコストがかかっているか」、状況を一つひとつ具体的に書いた。

その中の「部品の加工に多くの費用がかかっている」がヒントになって、「専用部品を作るのではなく、一般市販部品を組み合わせる」というアイデアが出てきた。

そのアイデアを実行した結果、試作の段階で1台25万円→7万円へと大幅にコストダウンできた。生産に移すと、年に約8億円ものコストダウンが見込まれる。

彼はそれまでの常識で、新しい装置を製作するには装置に合わせた専用部品を作るものと思い込んでいた。そのために高コストになっていたのだ。**常識や固定観念を捨て、状況を一つひとつ具体的に書き出す**ことで画期的な成果に結びついた。

同様のケースがある。ある製品の部材のコストダウンがテーマである。部材の図を具体的に書き、構造や形状を一つひとつ見返しているうちに、「別に、格子状でなくてもいいのではないか」と気づいた。

それまでの常識では格子状なのだが、使用条件が変わってきたのでシンプルな形状でも構わないのだ。結果、4000万円ものコストダウンに成功した。

以上のように、今の状況・やり方を一つひとつ具体的に書くことで、思い込み(先入観、常識、習慣)を打破し、優れたアイデア・成果を生み出すことができる。**先入観打破・創造的発想の決め手は「状況を具体的に書く」である。**

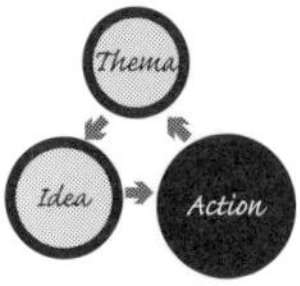

具体的に企画書を書き、リアルにプレゼンする

■あくまでも具体的に企画・提案書を書く

視点や着目点を変え最低でも10以上アイデアを出したら、実行案（効果と実現可能性の高いアイデア）を選ぶ。

そして、実行案の不充分な点を一つひとつあげ、突っ込んで調べ、考え、工夫して、実行案をより効果的・具体的にする。

続いて、企画・提案書を書く。企画・提案書は、相手（上司、クライアント）を説得するためのものである。したがって、相手にわかるように具体的に書く。

また、企画・提案書は、実行案を実行に移すためのものでもある。したがって、すぐに実行できるよう、数字などを入れできるだけ具体的に書く。

いずれにしろ、先の「具体的に書く4ヶ条」（P197）を参考にわかりやすく具体的に書く。これがポイントである。1万人以上の企画・提案書を見てきてつくづくそう思う。

なお、実行案の選び方、および企画・提案書の書き方の具体的なことについては、前掲の拙著『1枚のシートでサササッとアイデアが出る！技術』をご覧いただきたい。

■リアル感のあるプレゼンをする

企画・提案書を書いたら、その企画・提案を実行に移すために、上司やクライアントにプレゼンテーション（プレゼン）を行うことになる。

最近は、パソコンとパワーポイントを使いプレゼンをすることが多い。そのためか、ワンパターンになり今一つ説得力に欠ける。

もっと具体性というか、リアル感というか、相手に「なるほど」と思わせるような工夫がほしい。そうしないと、せっかく企画したことが認められず、企画倒れに終わってしまう。これではいかにも悔しい。

わたしは、コナミスクールというゲームクリエイターの養成機関で、ゲーム企画などの講師を7年間務めたことがある。

このとき、ゲーム企画の企画書を作りプレゼンをやってもらったが、印象に残ったプレゼンが二つある。

一つは昆虫を扱ったゲーム企画。友人三人に頼んで昆虫の格好をしてもらい、いかにもそれらしく演じてもらったことだ。まったくもってリアル感があった。

もう一つは、アクションゲームの企画。プレゼンを始めるや、「1分間お待ちくださ い」と言う。1分間たってから、「このゲームは、1分間が勝負のゲームです」という文字がスクリーンに映し出された。実際に1分間を体験してからプレゼンを聞くので、説得力がまるで違った。「やられた!」と思った。


以上、テーマの設定からプレゼンテーションまで、テーマを達成するには具体的であることがポイントになる。

デキル人はこのポイントをしっかり押さえている。だから行動できるし、成果を上げることもできる。あなたも、常に具体的であることを心がけ実行してほしい。

【著者紹介】

さとう秀徳（ひでのり）

◎ 1951 年、大分県由布市生まれ。大分上野丘高校、東北大学工学部卒業。東洋紡㈱総合研究所、公文教育研究会をへて、1983 年創造システム研究所を設立。
◎「スパーク講座」「発想力全開セミナー」など、アイデア発想法の講師として研修、講演などで活躍中。発想力を全開し、創造的成果を生み出す指導には定評がある。
◎ＮＴＴドコモ、新日本製鐵、ＮＥＣ、三菱重工、コナミ、ＪＲ東日本、ＮＨＫ、神戸市、東京商工会議所（順不同）などで、１万人以上のビジネスパーソンを指導。

【著書】

『１枚のシートでササッとアイデアが出る！技術』（すばる舎）、『画期的成果が上がった！』（三笠書房）、『発想の技法』（日本能率協会マネジメントセンター）等多数。

㈱創造システム研究所

TEL　03-3862-9973
ホームページ　http://homepage3.nifty.com/sozo/
E-mail　sozo.sato @ nifty.com
メールマガジン「快想ＢＯＸ」、フェイスブック、ツイッター

夢をかなえる具体力
絶対に身につけたい33のルール

2012年2月8日　初版発行

著　者　さとう秀徳
発行者　野村直克
発行所　総合法令出版株式会社
〒107－0052　東京都港区赤坂1-9-15 日本自転車会館2号館7階
電話　03-3584-9821（代）
振替　00140-0-69059

印刷・製本　中央精版印刷株式会社

落丁・乱丁本はお取替えいたします。

ISBN 978-4-86280-289-7

総合法令出版ホームページ　http://www.horei.com/